풍요로운 속삭임

풍요로운 속삭임

초판 1쇄 발행 2023년 9월 17일

지은이 김민규
펴낸이 장현수
펴낸곳 메이킹북스
출판등록 제 2019-000010호

디자인 최미영
편집 최미영
교정 강인영
마케팅 김소형

주소 서울특별시 구로구 경인로 661, 핀포인트타워 912-914호
전화 02-2135-5086
팩스 02-2135-5087
이메일 making_books@naver.com
홈페이지 www.makingbooks.co.kr

ISBN 979-11-6791-424-8(03190)
값 17,800원

ⓒ 김민규 2023 Printed in Korea

잘못된 책은 구입하신 곳에서 바꾸어 드립니다.
이 책의 전부 또는 일부 내용을 재사용하려면 사전에 저작권자와 펴낸곳의 동의를 받아야 합니다.

홈페이지 바로가기

메이킹북스는 저자님의 소중한 투고 원고를 기다립니다.
출간에 대한 관심이 있으신 분은 making_books@naver.com로 보내 주세요.

소수만 알았던 비밀이 세상에 나온다!
마음 연구와 무의식을 통해 찾아낸 성공의 비밀

"이렇게 아름답게 삶을 이끌어 주는 책은 보지 못했다."
"누군가 이 책을 권한다면 그는 특별한 사람일 것이다."

- 예술진흥원

메이킹북스

프롤로그
이 책은 당신이 찾은 책이 아니다

　당신이 사는 삶에 지쳤는가? 이제는 삶이 무기력한가? 언제부터인가 사는 것이 재미가 없어지고 하루 돈 벌기 급급해지진 않았는지, 가족 간의 불화로 하루하루가 긴장의 연속이고, 주변 사람들이 스트레스를 주는 상황에 계속적으로 놓여 있지는 않은지, 여러 중독에서 빠져나오지 못하고 있지는 않는지, 자기 계발 책들을 보고 강의를 듣더라도 변한 게 없는 똑같은 삶을 살고, 후회도 이제는 너무 많아 무감각해지고 안 좋은 습관들로 잠식당해 하루하루 특별한 목표 없이 살고 있는, 행복이란 단어와는 거리가 먼 당신이지는 않은가.

　많은 사람들이 살면 살수록 안 좋은 상황에 끌어당겨져 나이를 먹을수록 웃음과 행복이 사라지고, 나이를 먹어 생기는 주름이 아닌 인생의 고달픔을 겪어 생긴 주름들이 당신의 삶을 대변해 주게 된다. 항상 행복만을 찾고 있지만 현재 살아야 하는 이유를 모르고, 매번 지루함 속 부정적 상황만 가득한 당신일 것이다. 삶을 사는 데에 있어 분명 아쉬움이 있어 지금 이 공간 이 위치에서 이 책을 발견하고, 이 글을 읽고 있는 당신일 것이다. 아무런 노력이나 변화 없이 미래는 다를 거라 생각하며 현재만 소비하는 지금의 당신은, 마음에 허전함이 가득한 채로 지금 이 순간 이 책 앞에 서 있다. 이 책은 당신이 찾은 책이 아니다. 당신에게 이 책이 꼭 필요한 사람이라 마음속으로 끌어당겼고, 이 책이 당신에게 다가온 것이다. 다른 책들과 달리 이 책만은 분명하고 확실하다. 내가 그렇게 생각하며 만들었기 때문에.

나는 이 세상에 우연은 없다고 믿는다. 지금 그 생각, 그 시간, 그 위치 모든 순간 하나하나가 모여 지금 이 순간을 만들었다. 하다못해 과거의 행동까지 현재에 영향을 주어 당신 인생 선택에 크고 작은 역할들을 한다. 조금씩 당신의 행동 하나하나가 선택지가 되어 찾아온 이 순간은 당신이 무의식적으로 필요한 순간이었음을 당신은 그동안 알지 못했다. 의식하며 살지 않기 때문에, 현재 삶에 적응하느라 바쁘기 때문이라는 이유로 많은 것들을 놓치고 살아갔을 당신이기 때문에, 이따금씩 당신의 선택들이 인생의 큰 흔적을 남길 중요한 지름길들을 만들기도 하지만 지금까지 의식하지 못했고 큰 발걸음을 내딛지 못했기 때문에 지금 이 순간에도 같은 삶을 살고 있으리라. 의식한 사람과 그렇지 못한 사람과의 차이는 너무도 명확하고 커서 사람을 대하는 태도나 행동에서부터 다름이 느껴질 것이고, 양쪽 간의 차이는 지금도 여전히 사회 속에서 번번이 나타나고 있다. 지금까지 당신은 그저 그렇게 살아왔고 이 책을 보기 전까지만 해도 똑같았을 테지만, 이젠 의식하여 달라지고 새 삶이 당신에게 찾아올 수 있다. 이 책을 통해 새로운 지름길이 있다는 것을 의식하고 나와 같이 나아갈 준비만 되어 있다면.

모든 사람들은 부와 행복을 말하며 살고 있다. 하지만 대부분의 사람들은 두 가지 모두를 구경해 보지 못한 채 평생을 살아간다. 살면 살수록 빚이 늘어나고 행복보다는 불행이 더욱 짙어지며 마치 누군가에게 쫓기듯 대부분의 사람들은 그렇게 불행함을 채워 간다. 더 좋은 학교를 들어가기 위해 공부하고, 더 좋은 회사를 들어가기 위해 자기 개발을 끝없이 하면서, 생활비가 더 부족하다면 아르바이트나 개인 사업 등 본인의 성향에 맞게 약간의 변화만 있을 뿐, 안정적인 소득을 통해 조금이라도 다음 단계를 넘어가려는 사람들, 남들과 비교 평가하며 누가 조금 더 잘났는지 도토리 키 재기를 할 뿐, 큰 틀에서 보면 대부분의 사람들의 생활 패턴은 동일할 것이다. 100만 원, 200만 원 더 벌어 당장의 삶의 질은 향상된 것처럼 보이지만 쫓기는 삶을 살아가고 있는 당신의 일상에 큰 깨우침을 줄 정도의 지대한 변화는 없다. 넘쳐나는 부와 행복을 동시에 가지고 있으며 모든 사람들이 우러러볼 수 있는 존경받는 삶을 살아가기 위해서는 당신의 내면 세포 하나하나에서부터 변화의 씨앗을 심어 주어야 할 것이다. 가진 게 없던 나에게 다가

왔던 여러 가지 행운들은 결코 우연이 아니었으며 사소한 변화 하나가 내 인생에 지대한 영향을 끼쳤음을 지금의 나는 비로소 이해한다. 많은 길을 돌고 돌아 어렵게도 인생의 전환점을 찾아 그 길을 뛰어가고 있는 나지만 당신은 이 길을 나를 통해 더 쉽고 빠르게 찾아 나아가기를 바라며 이 글을 쓴다. 나보다 더한 행복감과 풍요로운 길을 이른 시간에 찾고 그 긍정적 영향을 주변 모두에게 전파해 주기를, 나를 통해 내가 아는 모두가 행복해지고 따뜻해지기를 기대한다.

목차

프롤로그
이 책은 당신이 찾은 책이 아니다   4

1장 당신은 특별한 존재다
특별함을 잃은 채 살아가고 있을 뿐이다.

특별함을 언제부터 잃게 되었을까?	16
현재 상황을 의식하고 뛰어넘을 발판을 준비한다	20

2장 현재를 의식할 때 '행운'과 '기회'가 보여진다

인생의 성공은 어떻게 이루어질까?	28
'의식하기'는 당신에게 긍정적인 기회를 보여준다	33
특정한 습관을 통해 '의식하기'의 틀을 만든다	39

3장 과거를 이해할 때 '주인공'이 되어 간다

힘들었던 과거를 과연 좋게 바꿀 수 있을까?	48
과거의 시련은 당신을 주인공으로 만들어주기 위한 시험이다	53
지금의 올바른 선택들은 미래의 올바른 과거가 된다	58

4장 미래를 기대할 때 '지름길'을 걷게 된다

일찍이 부와 행복을 거머쥐는 사람들은 무엇이 다를까?	66
미래에 대한 긍정적 믿음은 모든 것을 가능케 한다	70
이 세상에 완벽함을 가진 사람은 없다. 그렇기에 성장할 수 있다	76

5장 당신을 갉아먹는 중독, 부정적 행동과의 이별

중독된 모든 것들을 한순간에 끊을 순 없을까?	84
작은 생각 하나가 당신에게 엄청난 영향을 준다	86
부정적 행동을 떠올리는 모든 것을 의도적으로 피한다	94

6장 없어지지 않는 문제는 모두 공통된 답을 가진다

자신을 부정할 때 무엇을 야기할까? 102
모든 문제들은 확실한 자신감 앞에 작아진다 107
3가지 글귀로 당신의 인생 방향을 바꾼다 111

7장 생각이 바뀌면 시야가, 시야가 바뀌면 인생이 바뀐다

하고 싶은 것만 하며 살 수는 없을까? 120
끌어당김의 법칙을 통해 긍정적 씨앗을 심는다 123
효율을 위해 프로그래밍되어 있는 내부 장치들을 조절한다 126

8장 느리게 걸으며 사람들 틈에서 정답을 찾는다

바뀌고 싶어도 따라갈 수 없다면? 136
쉬어 가면서 자신을 비로소 이해하게 된다 139
내 삶의 운전대는 내가 잡는다 143

9장 스스로 선택하며 불가능을 이룰 준비를 한다

주변 사주와 운세, 종교론적 관점에 날 끼워 넣고 있다면?   152
주변에 대한 적당한 믿음은 안정감을, 과하면 불안감이 된다   158
영향을 미치는 모든 것에 참여하기   163

10장 부와 명예, 행복 모든 좋은 것은 순간에 찾아온다

시작은 거창하나 끝이 미약하다면?   170
두려워할 필요 없다. 나에게 주는 힌트를 찾아라   174
이겨낼수록 당신은 성장한다. 새 삶이 찾아온다   180

11장 행운은 겸손과 같은 길을 밟는다

겸손해야 행운이 들어온다?   188
좋은 행동들은 나비 효과가 되어 행운을 불러온다   193

12장 주인공이 될 마지막 준비

모든 건 이어져 있구나!   200
믿는 대로 이루어지고, 믿는 대로 눈앞에 펼쳐질 것이다   204

참고 문헌   212

1장

당신은 특별한 존재다
특별함을 잃은 채 살아가고 있을 뿐이다

특별함을 언제부터 잃게 되었을까?

　사람은 고등 생물이기 때문에 많은 문물들을 흡수하느라 가장 순수했던 자아를 잊고 지내기 마련이다. 갖추어진 사회 틀에서 주변 사람들 모습을 거울삼아 평범함 속에서 그저 그렇게 살아가는 당신은, 평범하게 사는 것이 가장 어렵다는 주변 말로 위로를 받으며 평범함을 목표로 본인을 낮은 위치로 끌어내려 시작한다. 언제든 행복한 위치에서 시작할 수 있는 잠재력이 많은 당신이지만, 어쩐지 이상하게도 주변 사람들과 같은 평범함을 목표로 살아가고 있다. 당신의 두 날개는 접혀 빠르게 그 따뜻하고 활기찬 기운을 잃어 가지만, 당신은 다른 사람들과 같이 먹고살기 바쁘다는 핑계로 등 뒤의 날개를 보지 못하고 살아간다. 쓰지 않는 근육은 퇴화한다고 했던가. 두 날개의 힘을 잃어가며 결국 평범한 사회의 평범한 사람으로 살아가는 당신은, 현재의 편안함에 안주하게 되겠지만 동시에 미래 생활의 불안감도 같이 안고 가게 된다. 당신이 생각하는 평범함은 결코 평범하지 않은 것이다. 잃고, 희미하고, 빛바랜 삶인 것을 당신은 알면서도 쫓는다. 현실과 상상은 다르다는 그저 그런 삶을 산 사람들의 말만 되뇌면서. 현재의 편안함보다 몇 배는 더 큰 불안감이라는 부정적 씨앗은 당신 뇌의 일부로 깊게 남아 꾸준한 스트레스를 주며 그 열매를 키울 준비를 한다. 본인이 생각했던 그 안 좋은 미래를 반드시 실현시켜 주기 위해서.

한 학생이 자기가 몸담은 교육 협회에서 겪었던 경험을 들려줬다. 그는 어렸을 때부터 천재라는 소리를 들으며 살아왔던 학생이었지만, 정작 자기가 원하는 일은 찾지 못하고, 자기 능력을 꽃피우는 활동은 하지 못한 채 남들과 똑같은 상황 속에 취업에만 목매게 되는 현실에 매우 슬퍼했다고 한다. 자기가 진정으로 원하는 목표를 찾지 못해 남들이 가던 길만 가다 보니 똑같은 사람이 되어 있었던 것이다. 어디서부터 잘못되었는지 모르고 과거에 빛나던 자신에 대한 회상만 하면서 자책하는 날을 반복하던 어느 날, 우연히 본인이 소속되어 있는 교육 협회 행사에 참석하게 되었다. 행사에 참석했던 사람들 대부분은 어렸을 때부터 그와 같이 뛰어난 재능을 보였던 사람들이었는데, 그들은 행사에 참석하면서 하나같이 똑같은 습관들을 가지고 있었다. 바로 과거의 자신에 대한 자랑과 회상만 늘어놓을 뿐 누구 하나 현재를 살고 있는 사람이 없었던 것이다. 이때 그는 본인도 그동안 그렇게 살았음을 객관적으로 인지하게 되었고, 과거를 살지 않고 현재를 살 것을 다짐한다. 그러고는 어렸을 때 해 볼 생각조차 안 했던 힘들고 어려운 일들을 도전하기 시작한다. 남들이 피하고 멸시하는 천박한 일들까지 모두 경험해 본 뒤 본인의 확신을 믿고 남들의 시선을 신경 쓰지 않으며 본인만의 인생을 살기 시작했다. 그는 본인 머리를 믿고 진행하며 다양한 아이디어의 특허를 냈고, 다른 나라 기업이 그의 아이디어를 구입하는 등 남들이 생각하지 못했던 쏠쏠한 수입도 생기기 시작한다. 본인에 대한 긍정적인 마음을 담아 자신에 대한 확실한 믿음으로 인생을 살게 된 그는 더 이상 남들 말에 휩쓸리는 인생을 살지 않게 되었다.

우리 모두는 행복해질 수 있고 많은 돈을 벌 수 있는 지식을 이미 가진 채 태어났다. 현재의 부자들이 결코 많은 부분이 당신과 차이 나서 부자로 살고 있는 것이 아니다. 집안 대대로 내려온 부를 가지고 태어난 사람들은 좀 더 수월하게 본인 앞가림을 할 수는 있겠지만 그게 인생 결과가 미리 정해져 있다는 뜻은 아닐 것이다. 모든 부의 시작은 처음 부를 모으기 시작한 사람과 함께했을 것이고 그 사람은 당신과 다를 바 없는 신체를 가지고 훌륭하고 좋은 타이밍에 돈을 벌게 되었을 뿐 당신과 다른 점은 아무것도 없다. 도박에 빠져 몇 년을 낭비했던 사람이 갑자기 세상의 모든 돈을 끌어당기기 시작했다면 믿겠는가? 돈을 쓸 줄만 알지 모을 줄 몰랐던 사람이 갑자기 새사람이 되어 나타나 한 나라를 쥐어 잡을 수 있는 부를 얻게 되었다면 당신은 믿겠냐는 말이다. 인생의 밑바닥까지 다 본 사람들이 어떻게 한순간에 부의 끝에 올라설 수 있었는지,

큰 성공을 거두었었지만 한순간의 큰 실패로 모든 걸 잃었던 사람이 어떻게 다시 재기할 수 있게 되는지, 그러한 힘들은 도대체 어디서 얻게 되었는지 궁금하지 않은가? 모든 사람이 새 인생을 살게 된 원인은 하나같이 '의식하기'에서 창조되었다. 의식하기 시작한 순간부터 돈이 되는 사업에 눈을 뜰 수 있는 힘이 생겼고, 도박 중독에서 벗어나 남들이 우러러볼 수밖에 없는 사람으로 다시금 새 인생을 살게 되었다. 모든 사람이 부러워하는 인생을 살기 위해서는 정작 많은 것이 필요하지 않다. 당신 인생에서 오직 단 하나, 마음가짐의 차이로 그들은 모든 사람들이 원하는 꿈들을 전부 다 혼자서 이뤄내고 영위하며 살아간다.

현재 상황을 의식하고 뛰어넘을 발판을 준비한다

　당신을 바꿀 수 있는 첫 단추인 의식하기는 당신의 마음을 변화시켜 원하는 목표로 데려갈 가장 크고 유일한 길잡이 역할을 할 것이다. 복잡해 보이지만 이 책을 읽고 이해하는 일주일 동안 당신은 새사람이 되어 좋은 행운들만 끌어당기기 시작할 것이다. 본인의 날개를 펼칠 수 있게 자기보다 나은 상대를 객관적으로 보는 것, 그리고 존경하는 것에서부터 '의식하기'는 시작될 것이다. 당신은 TV나 인터넷에서 항상 많은 부를 쌓고 돈 자랑을 하며 살아가는 사람들을 자주 접할 것이다. 과연 당신이 보았던 그들은 당신보다 능력이 출중하고 따라잡을 수 없을 정도로 먼 인물일까? 그 사람은 팔이 세 개가 달렸나? 혹은 다리가, 눈이 몇 개가 더 달려 태어나서 애초부터 바꿀 수 없는 무엇인가가 더 있는지를 물어보고 싶은 것이다. 우리가 대표적으로 존경하는 높은 위치에 있는 대통령이나, 외교관, 판사 등도 점심시간이 되면 흰쌀밥에 반찬을 골라 먹고, 행여나 잘못 먹어 배탈이 나면 화장실을 들락날락할 수밖에 없는 그저 나약한 사람 중 하나이다. 생각하는 수준은 우리와 비슷하거나 오히려 더 저급하여 뉴스나 미디어에서 막말 사건으로 이슈가 생기거나, 부정한 방법으로 돈을 벌어 손가락질을 받거나 하고 있다. 결국 생각하는 행위 자체에는 높고 낮음이 없으며 종이 한 장 차이란 말이다. 언제든 당신이 더 좋은 언변이나 실력으로 그들을 위에서 내려다보거나 동등한 위치에서 살아갈 수 있다. 그들은 현재 그저 본인의 실력을 의심하지 않고 당연하듯 추진하여 그 자리에 있는 것일 뿐이다. 그리고 아직 당신은 본인의 능력을 믿지 못하고 하루 앞의 일들만 처리하며 날개를 펴기 두려워하는 상황인 것, 이 두 가지 차이점뿐이다. 모든 사람은 인생을 살면서 저마다의 콤플렉스가 생기는데 위대한 심리학자로 알려진 에이브러햄 매슬로(Abraham Maslow)는 인간 욕구에 대한 학설을 제안하면서 사람을 움직이는 동기에는 두 가지가 있다고 했다.

1. 결핍 동기(deficiency): 부족한 것을 채우려는 동기
2. 성장 동기(growth): 현재보다 발전할 자기 모습을 위해 노력하는 동기

이 중 주목해야 할 것은 성장 동기(growth)로 즐거움을 느끼며 긍정적인 흐름 안에서 가치 있는 목표를 추구하는 것으로, 인간의 잠재력을 실현시켜 삶을 풍요롭게 하고, 삶의 기쁨을 키우는 것을 의미한다. 살면서 생기는 당신의 콤플렉스들은 모두 정상적이고 자연스럽게 생기는 일종의 흔적과 흉터로서 당신의 현재를 뒷받침

해 주는데, 정상적 사람에게는 최소 한 가지 이상씩 부족한 부분이 있기 마련이다. 예전에는 부족한 점을 보완하는 것이 성공의 길이라고 생각하고 사는 것이 일반적이었지만, 최근 연구 결과에 따르면 오히려 자신의 강점에 집중하는 것만이 성장과 성공에 더 큰 도움을 줄 수 있다고 한다. 이는 다시 말하자면 본인의 단점에 얽매여 인생을 소비하고 고치려고 노력하는 것이 행복과 성공에 대한 올바른 길이 아니었음을 알려주는 것과 동시에 긍정적인 마음가짐 안에서 현실을 파악하고 본인의 미래 성장에 도움을 줄 현재의 무엇인가를 찾고 집중하는 것이 성공을 빠르게 쟁취할 수 있는 방법이 됨을 의미하기도 한다.

당신의 지나간 과거에 대해 후회하고 정체되어 있지 않아야 한다. 이것이 현실을 의식하기 위한 가장 첫 번째 단계이자 인생을 풍요롭게 만드는 가장 중요한 시작이 되어 줄 것이다. 당신 인생의 성공을 가져다줄 것이다. 각자가 생각하는 성공의 의미와 형태가 다를 수 있지만, 당신이 성취할 수 있는 모든 것을 얻을 수 있는 능력이 생길 것이다. 매슬로는 현실을 의식하고 자기실현(self-actualization)을 달성한 사람을 전체 인구의 1% 정도로 추정하였다. 1%, 우리에게도 마냥 낯설지만은 않은 단어다. 세계 인구 중 상위 1%의 총자산이 전 세계의 부 48%를 차지하고 있다는 산출 결과, 2020년 이후 최상위 1%가 새롭게 창출된 부의 약 2/3을 가져가고 이는 나머지 99%의 2배에 달하는 재산이라며 부유층 과세를 주장했던 국제통화기금, 경제협력개발기구 등 우리가 살고 있는 세상의 상위 1%는 많은 의미가 담긴 핵심적 인원임은 틀림이 없다. 자기실현을 달성한 사람과 세계를 움직이는 초부유층의 숫자가 거의 비슷한 것을 보았을 때, 현실을 정확하고 완전하게 지각하면서 자기 스스로를 존중하고 내면을 다스릴 수 있게 된다면 부와 행복은 찾지 않아도 같은 연결 고리로서 자연스럽게 당신에게 다가오게 됨을 이해하게 될 것이다.

1장 요약

- 평범함이 행복해질 수 있는 방법이라는 말은 잘못된 것이다. 당신은 특별한 사람이다.
- 평범한 남들을 따라가다 보면 어느새 특별한 자신도 평범해질 수밖에 없다.
- 현재의 편안함에 안주하다 보면 미래는 점점 부정적 씨앗이 가득한 결과로 향하게 될 것이다.
- 연구 결과에 따르면 자신의 강점에 집중하는 것만이 성장과 성공에 더 큰 도움을 줄 수 있다고 한다. 본인의 단점을 주목하는 것이 아닌 강점에 주목하고 강점을 빛내야 한다.
- 1%의 자기실현을 달성한 사람만이 부와 행복을 동시에 얻었다. 이는 내면을 다스리고 자기실현을 이룬다면 부와 행복은 자연스레 따라옴을 의미한다.
- 과거에 연연해하지 말자. 지금 현재가 곧 당신의 미래가 된다.
- 의식한 사람과 그렇지 못한 사람과의 차이는 너무도 명

확하고 커서 의식한 사람에게는 주변 모든 좋은 상황과 사람들을 끌어당기는 힘이 생긴다.
- 우리 모두는 행복해질 수 있고 많은 돈을 벌 수 있는 지식을 이미 가진 채 태어났다. 당신이 존경하는 사람도 당신과 크게 다르지 않다. 비슷한 신체를 가지고 있고, 그저 좀 더 좋은 타이밍을 얻었을 뿐이다.
- 당신 자신의 힘을 믿고 의식하기만 한다면 당신이 원하는 상황을 항상 눈앞에 데려와 줄 것이다. 항상 행복한 일들만 일어날 것이다.
- 당신은 이 책을 읽기 시작한 일주일 동안 남들과 다른 순간을 경험한다. 세상의 모든 부와 행운을 끌어당기기 시작할 것이다.

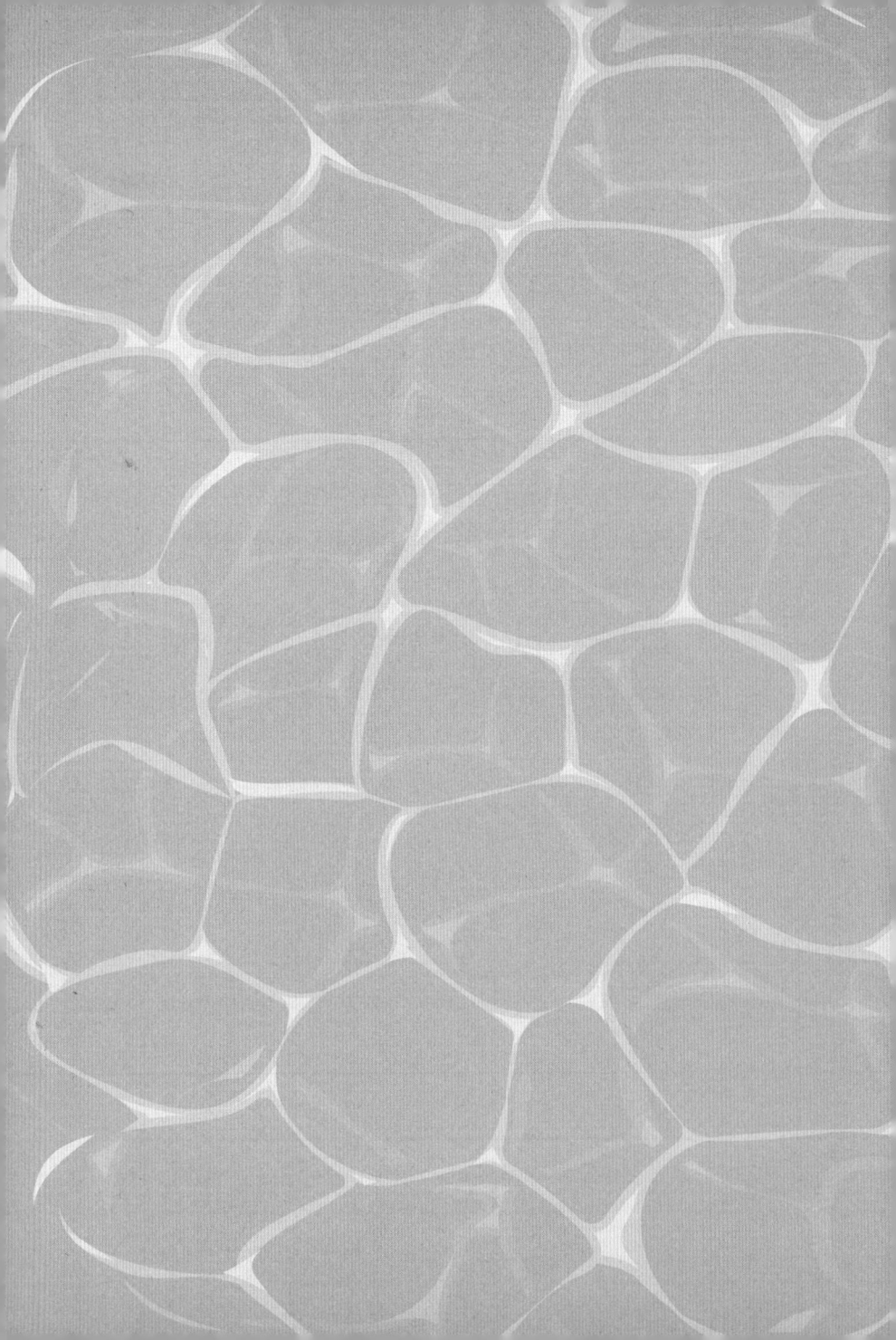

2장

현재를 의식할 때 '행운'과 '기회'가 보여진다

인생의 성공은 어떻게 이루어질까?

'성공'이라는 단어를 자주 표현하면서 하는 얘기 중 하나는 '성공'은 '행운'이 없으면 없기 힘들다는 말이다. 아무리 어렸을 때부터 반에서 1등을 놓치지 않고 좋은 회사에 취직하여 살고 있는 사람이 있더라도 적당한 등수에 적당한 회사 생활을 하던 이가 약간의 아이디어로 큰 부를 축적하는 모습을 보면 '행운'이라는 것은 인생을 살면서 필요한 가장 큰 무기라는 건 모든 사람이 무의식적으로 알고 있게 되는 사실이다. 그리고 모두가 갖고 싶어 하는 능력이다. 넘볼 수 없는 행운을 가지고 다니는 당신이라면 게을러도 그것이 당신에게 좋은 것들을 가져다줄 것이고, 아무것도 하지 않더라도 알아서 좋은 길이 보일 것이다. 남들은 다른 코스에서 달리고 있을 때 옆길로 한 발자국만 걸으면 그곳이 곧 골인 지점이 되는 여유롭고 풍요로운 생활을 하게 될 것이다. 그런 능력은 알다시피 아무나 얻을 수 있는 것이 아니다. 하지만 그렇다 해도 어렵게 얻을 수 있는 것도 결코 아니다. 당신 자신의 힘을 의식하기 시작하면 이 능력은 곧이곧대로 당신 부름에 응답해 줄 것이다. 소수만 얻을 수 있는 능력이 아니다. 많은 이가 이걸 깨닫고 자신의 힘을 믿으며 살아간다면 이 힘은 모두에게 무한정이다. 이 에너지는 무한하며 절대 소모되지 않는다.

'의식하기'는 문제집 옆 답안지나 컴퓨터 게임 속 치트키와 같아서 의식하기 시작한 뇌는 다른 사람들과는 다른 방향으로 움직이기 시작한다. 게임 중독에 빠져 있던 사람이 하루아침에 게임을 끊고 정상적인 일상생활을 하게 되는가 하면, 40년간 피웠던 담배도, 평생을 마셨던 술도 하루아침에 끊을 수 있게 하는 무한한 에너지를 가지고 있다. 나는 이 '의식하기'를 통해 담배를 끊고, 맥주 많이 마시기 대회도 참가할 정도로 좋아했던 술을 끊고, 20kg을 감량한 후 매일 아침 운동을 하며 슬림한 체형을 10년이 넘도록 유지하고 있다. 매일 일어날 때마다 행복이 가득 차 있으며, 주변 사람도 나를 통해 돈 걱정 없이 행복의 진정한 의미를 찾으며 화목한 가정을 꾸리며 살아간다. 의식한 힘이 강할수록 당신 주변인에게까지 퍼져 주변인들을 돕게 되고 이를 통해 당신이 자초하지 않았던 주변 안 좋은 사건들에 엮일 확률도 적어지는 효과가 생긴다. 언제나 당신 안에 들어가 있으면서 당신이 기억할 때, 의식할 때 그 능력을 발휘해 준다. 우리는 때때로 원하지 않게 모종의 사건들로 인해 인생의 선택지가 완전히 뒤바뀌거나 하는 경우를 겪게 되는데 이 사건들은 뿌리 깊게 당신의 자아에 남아 당신의 현재 선택들을 좌지우지하게 되어 좋고 나쁜 미래를 만드는 데

큰 일조를 한다.

미국 뉴욕 정형외과의 계약직 의사 토니 시코리아(Tony Cicoria)는 1994년 공원 공중전화 부스에서 전화를 하고 나오다가 벼락을 맞는다. 강렬한 전기와 함께 토니의 심장은 분명히 멈췄지만 천만다행으로 심폐소생술을 통해 다시 살아난다. 사고가 있고 몇 주 후 그는 다니던 정형외과를 그만두고 피아노를 치고 싶은 알 수 없는 욕망에 사로잡히게 된다. 벼락을 맞기 전에는 음악에 관심조차 없던 그가 갑자기 피아노를 사서 독학으로 연주하기 시작하더니 몇 년 후 '번개가 낳은 기적의 천재 피아니스트'로 명성을 얻어 활발한 연주 활동을 펼치고 있다. 그는 벼락에 맞고 난 뒤 누구보다 재밌는 인생을 살게 되었고, 이전보다 훨씬 많은 돈을 벌며 새로운 삶을 살게 되었다.

워싱턴 주에 사는 노동자 제이슨 파젯(Jason Padgett)은 2002년 노래방을 가던 길에 2인조 강도에게 습격을 당해 머리를 크게 다친다. 심한 뇌진탕 증세를 보이던 그는 사고 이후 사물이 기하학적으로 보이기 시작한다. '욕실 수도꼭지를 틀면 물 흐름에 수직선이 방출되는 것 같다'라는 등 모든 순간순간이 선으로 연결돼 실시간으로 움직이는 것처럼 보이기 시작한다는 그는 심지어 장면을 구성하는 픽셀까지도 구별할 수 있게 되는 능력을 얻는다. 사건을 겪었던 당시 31세였던 그는 원래는 고등학교 중퇴 학력으로 제대로 된 수학조차 떼지 못한 수준이었는데, 이를 계기로 그의 능력을 높이 산 물리학자가 정식 교육을 권했고 본격적인 수학 연구를 시작하여 지금은 수학 천재라는 이름으로 불리며 새 삶을 살아가고 있다.

갑작스러운 충격으로 천재적 재능이 발견되는 증상을 정신의학에서는 '후천적 서번트 증후군(Acquired Savant Syndrome)'이라고 명칭을 짓고 분류하곤 한다. 이는 뇌 신경 세포가 충격을 받으며 새로운 연결 회로 가 생겨나서 발생하게 되는 증후군이다. 우리의 뇌는 매 순간 끊임없이 바뀌며 새로운 연결들을 만든다. 그 연결 회로들을 본인이 직접 컨트롤하고 좋은 쪽으로만 끌어당길 수 있다면, 그렇게 해서 남들이 쉽게 도전하지 못하는 것들도 본인은 쉽고 빠르고 헤쳐나갈 수 있는 능력을 얻을 수 있다면, 이 세상에 더는 두려울 일이 없을 것이다. 본인의 인생이 180도 바뀌어 좋은 것들만 몰고 올 것이다. 어려운 시련을 겪더라도 아주 쉽게 그 시련을 타파할 것이다. 우연을 가장한 운을 통해 본인 인생을 송두리째 바뀌는 경험을 한 사람들이 있는 것처럼 이 '운'이라는 것을 아주 간단하고 쉽게 본인 것으로 만들 수 있는 방법이 있으니 이 방법은 조금 후에 따로 설명을 해 주겠다. 당신은 그저 본인이 질투하고 부러워하는 그 대상과 별 차이가 없다는 것을 의식하고 아직 발생하지도 않을 미래의 일에 신경 쓰지 말고, 나와 같이 앞으로 나아갈 준비만 하면 된다.

'의식하기'는 당신에게 긍정적인 기회를 보여준다

사람은 순수함의 결정체로서 아주 복잡한 세포 분열로 탄생되었다. 우주의 기운을 받은 아주 특별한 생명체이기 때문에 우리는 무슨 행위를 하든지 이 행위가 좋은 흐름을 줄지 나쁜 흐름을 줄지 예측할 수 있는 능력을 가지고 태어났다. 그 신호는 사람의 행복 신호와 연결되어 있으며 우리는 그 신호를 느끼고 판단할 수 있는 능력이 있다. 하지만 살면서 많은 사건·사고들로 그 의식이 흐려져 당신이 무슨 능력을 가지고 있는지 모른 채 한평생을 남들과 똑같이 살아간다. 다른 사람이 다녀간 길이 정도(正道)인 양 따라가느라 많은 중요한 일들을 제쳐두며 시간을 허비한다. '이 회사가 아니면 안 돼', '이 학교를 꼭 가야 돼', '이 아파트에 꼭 입주해야 해' 같은, 남들이 지나간 길에 남들이 똑같이 남겨 둔 흔적들로 우리는 다른 고민 없이 주어진 선택권 안에서 선택을 하고 결과를 받는다. 그리고 대부분의 사람들은 회사 사정이나 경제 상황 등으로 인해 본인의 선택들이 부정당하게 되었을 때 되돌아갈 길이 없어 발만 동동거리다 안 좋게는 목숨을 끊는 상황을 우리는 TV나 인터넷으로 자주 접한다. 혹여나 운이 나빠 투자 실패 등으로 평생 모은 돈을 다 날린다면 당신은 당신 세상이 다 끝났다는 그 허무함 때문에 눈앞에는 아무 희망이 없는 잿빛 세상만 보일 것이다.

하지만 '의식하기'를 통해 삶을 살아간다면 현재 당신이 벼랑 끝에 몰린 상황이라도 어디선가 구세주나 구세주가 될 만한 아이디어들이 당신에게 다가와 당신이 안 좋은 생각을 할 수 없게끔 좋은 선택지만 남겨 당신을 이끌어 줄 것이다. 사물을 멀리서 볼 수 있는 객관적인 판단을 할 수 있게 될 것이고, 안 좋은 사건 사고에 휘말렸을 때에도 남들과는 다르게 웃으며 그 사건·사고들을 해결하는 능력을 갖게 될 것이다. 돈을 원하면 남들보다 훨씬 빨리 더 많은 돈을 얻게 될 것이고, 하고 싶은 일이 있다면 남들보다 훨씬 적은 시간에 이미 전문가가 되어 세계를 휘어잡을 수 있을 것이다. 그저 당신이 원래 가지고 있던 능력을 깨닫고 의식했을 뿐인데 삶은 너무나 재밌게도 당신이 원하는 상황 그대로를 당신 눈앞에 데려와 준다. 좋은 순간이 연속적으로 다가와 넘칠 정도의 행복감을 당신에게 선사해 주고, 넘쳐서 흐르는 행복감들은 주변에게까지 전파되어 당신을 통한 모든 이들도 같은 행복감을 공유받게 된다. 당신은 그저 이 능력들을 좋은 의도 안에서 당신과 주변 사람들에게 전파해 주면 되고 전파하면 전파할수록 더 높은 행복감과 좋은 일들이 당신이 잠시 멈춰서 쉬어 가고 있을 그때에 되돌아와 당신을 다시 일으켜 줄 것이다. 행복한 일들만 쳇바퀴 돌듯이 가득한 세상을 느껴 본 적이 있나? 모든 세상이 내 중심으로 돌아가서 주변 사람들과는 다른 세상에 살고 있다고 느끼고 행동하는 상위 1%의 사람들처럼, 출신부터 다르기 때문에 너희들은 내 밑에서 일하며 내 뜻대로 월급이나 받고 살아야 한다는 눈빛을 보내는 그들처럼, 당신은 당신만의 행복한 세상을 가지게 될 것이고 원한다면 주변 모두도 그렇게 될 것이다.

당신은 그동안 살면서 이런 일을 겪은 적이 있을 것이다. 운전을 하면서 신기하게도 신호를 하나도 받지 않고 목적지에 도착하거나, 시험 답을 찍었는데도 불구하고 상당수가 맞았거나, 운동을 배운 적이 없는데 곧잘 하거나, 우연한 기회에 좋은 면접관 눈에 들어 스펙에 비해 좋게 취업하게 되었거나, 사소한 걸로는 게임을 할 때마다 내 실력에 비해 운이 좋아 자주 승리한다거나 아무 생각 없이 샀던 물건을 통해 소소한 이벤트에 당첨된다거나, 어렸을 적 길을 가는 도중 무언가를 하고 싶다 생각했을 뿐인데 실제로 그 상황이 생기는 등 특정 좋은 흐름을 받아 그게 행복으로 연결되는 경험을 우리 모두는 겪어본 기억이 있다. 운이 좋았던 경험들 모두가 이것에 해당된다. 하지만 이 모두는 아쉽게도 당신의 능력 덕분이 아닌 우연히 해당 좋은 흐름으로 당신이 연결되어 겪게 된 결과물이지 절대 본인이 이 흐름을 꾸민 것이 아니다. 정말 우연하게 좋은 흐름을 얻었을 수 있지만, 이걸 지속하지 못하는 당신이다. 당신은 그저 우연이라 생각하고 같은 행동으로 좋은 흐름이 들어올 공간을 또다시 차단시켜 버린다. 이것은 모두 내 인생에는 이런 특별한 공간을 누리는 것조차 사치라는 안 좋은 믿음 속에서 생기는 행동들이다. 이때부터 당신은 서서히 좋은 흐름과 반대되는 나쁜 흐름만을 몰고 오게 된다.

내 외국인 친구 존은 아주 진하고 잘생긴 외모로 어렸을 때부터 인기가 많았다. 그는 인기만큼 학업에도 충실하고 모든 일에 적극적이었다. 모든 교수들도 그를 좋아했다. 그 역시 본인 인기에 만족하며 그 인기를 의식하고 생활했고 그가 진행하는 모든 일들은 대부분 훌륭하게 진행되어 주변 모두 그가 결점이 없는 완벽한 사람이라고 얘기하곤 했다. 본인도 본인이 어떤 일을 할 때마다 수월하게 잘 풀리는 것을 보곤 내심 나는 운이 좋은 사람인 것 같다며 그 얘기들을 깊게 의식하며 살아간다. 심지어 첫 직장은 면접을 제대로 못 봤지만 일하던 직원이 우연히 바로 그만두어 한 자리가 남아 바로 취직에 성공을 하니 그의 콧대는 하늘 높은 줄 모르고 치솟게 된다. 이때부터 그는 자신은 무엇을 하든 운이 도와줄 거라 생각하고 대부분의 일들을 운에 맡기기 시작했다. 한참 뒤 그는 운에 기대어 살다가 결국 사기를 당해 큰 빚을 지고, 시험에 떨어지고 매일같이 안 좋은 사람들만 주변에 꼬이기 시작했으며 동시에 건강도 날이 갈수록 안 좋아져 안색이 어두워졌으며 부정적 생각만 가득 차면서 한순간에 정반대의 삶을 살게 되었다. 치아는 제대로 된 관리를 받지 못해 상하고, 스트레스로 머리는 빠지고 더 이상 예전의 인기 많았던 그가 아니게 된다.

　대부분의 사람들은 좋은 믿음보다 안 좋은 믿음이 정신적으로 더 크고 깊게 자리 잡는다. 어렸을 때부터 밝은 빛만 봐 온 사람들일수록 한 번도 겪어보지 못한 어둠은 더 깊게 당신의 목을 조이고 희망에 찬 생각을 더 이상 하지 못하게 끌어당긴다. 이 어둠은 트라우마가 되어 나이를 먹어 감에 따라 안 좋은 믿음을 더욱 단단하게 커지게 하고, 이전엔 우연처럼 다가왔던 일들이 행복으로 다가왔었다면, 이제는 우연처럼 다가왔던 모든 일조차 불행으로 다가오게 만든다. 시간이 늦었음에도 계속적으로 늦는 사건이 연이어 겹치고, 마주치기 싫은 사람을 생각할 때마다 계속적으로 그 사람과 마주하는 상황이 만들어진다. 진행하던 프로젝트는 겉으로 보아도 삐걱댈 정도로 위태롭고, 하려는 일들은 매번 한 끗 차이로 다른 사람들에게 빼앗긴다. 항상 완벽하다고 자부했던 몸 건강도 하루가 다르게 나빠져 당신 인생을 밑바닥 끝까지 내려놓는다. 당신에게 가족이 있다면 가족들도 그 영향을 받아 인생을 남들보다 힘들게 살아가게 되는 것이다. 이 상황을 벗어나고 싶지만 벗어날 방법을 못 찾아 발버둥만 치는 당신이고, 하루에 나가는 이자를 감당하느라 다른 일들은 생각도 못 하고 살아가거나 바쁜 주변 상황을 정리하며 하루를 다 소비하는 당신이다. 그런 당신에게 찾아오는 행운 같은 빛줄기들은 내 친구 존이 겪은 상황처럼 허영심에 사로잡히게만 할 뿐. 당신이 아직 좋은 믿음을 가질 능력과 자질이 안 되기 때문에 결코 당신에게 좋은 작용을 하지 못하게 한다.

특정한 습관을 통해 '의식하기'의 틀을 만든다

당신은 행복해지고 싶다는 생각은 매일같이 하고 있지만 그 방법을 못 찾아 점점 부정적 흐름에 잠식되고 피폐해지면서 인생을 살아가는 데에 화만 가득해진다. 행복해지고 싶다는 생각은 모든 사람이 하는 공통된 생각임을 우리는 안다. 항상 행복해질 수 있는, 행복으로만 연결되는 좋은 상황을 얻고 싶은 게 당연하지 않은가? 그렇지 않으면 지금과 똑같이 언제 또 불행이 다가올까 조마조마하며 사는 그런 안 좋은 상황을 잡고 싶지는 않을 것이다. 좋은 상황, 즉 좋은 흐름을 얻는 건 당연하게 여기고, 이 좋은 흐름을 당신이 임의로 직접 연결할 수 있게 된다면 당신의 인생은 어떻게 바뀌겠는가? 항상 시험을 쳐도 생각보다 높은 점수를 얻게 될 것이고, 주변엔 좋은 사람들만 가득하고, 매번 취업 준비나 이직을 하려 할 때 좋은 면접관을 만나게 되어 탄탄대로를 걸을 것이며 어쩌면 복권에 당첨돼서 행운을 누리고 있을지 모른다! 좋은 투자 기회를 잡아 어마어마한 땅부자가 되어 있을지도 모른다! 한 번이 아닌 살면서 평생 말이다! 이 좋은 흐름에 직접적으로 관여하는 방법은 바로 '의식하는 습관'에서부터 시작한다.

〈의식하는 습관〉

1. 현재 상황을 의식하기
2. 의식한 상황을 좋은 결과가 되어 있을 것이라 믿기
3. 믿은 마음에 의심을 품지 않기
4. 내게 좋은 작용이 될 것이라는 기대와 함께 긍정적으로 행동하기

내 친구 존은 그래도 똑똑한 친구였다. 처음에는 본인의 운이 다했다 생각하고 우울해하며 남은 인생을 아무 생각 없이 지내는 듯했다. 하지만 이내 마음을 고쳐먹고 자신의 처한 상황을 의식하기 시작했다. 그리고 그는 명확히 자기가 살아왔던 삶을 되짚어 보기 시작했다.

'학업, 시험 모두는 그저 나의 노력의 결과였다.'
'인기가 많았던 만큼 그 인기가 떠나갈까 두려워 최대한 바른 생활을 하려고 노력했다.'
'면접도 맨 끝까지 남아 인사하며 나간 덕에 면접관들의 눈도장을 받을 수 있었다.'
'남들에게 완벽함만을 보여 주고 싶은 나의 노력이었다, 운이 아니었다.'

그는 운이라고 믿은 모든 것이 실은 본인이 좋은 선택지를 고

를 수 있도록 노력한 것이 밑바탕이 되었던 것을 깨달았고, 운에만 의지한 채 살려고 했던 것이 매우 무모한 선택이었음을 알게 된다. 그는 다시 원래 상태로 돌아갈 수 있는 힘이 본인 자신에게 있음을 느끼고 목표에 의심을 품지 않고 앞으로 나아가 당당히 재기에 성공한다.

안 좋은 습관에 빠져 있더라도 먼저 이 책을 읽으며 현재 상황에 대한 의식을 해 보자. 그리고 이런 안 좋은 습관을 가지고 갔었을 때의 본인 미래 모습을 먼저 그려 보고 현 상황을 피하지 않고 의식하는 것이다. 중요한 시험을 앞두고 있는 당신이라면 이 시험을 통해 당신이 얻는 것이 무엇이며, 시험 준비를 제대로 하고 있는지, 집중이 되지 않는다면 그 이유가 무엇인지 제대로 의식할 필요가 있다. 문제점을 찾았고 해결이 가능한 문제라면 잘 해결될 것이라는 믿음만 가진 채 그 믿음에 일말의 의심도 품지 말고 좋은 환경만 내게 올 것이라는 기대와 함께 하늘이 내게 좋은 기운만을 줄 것이라 믿으며 남은 시험 준비를 하면 되는 것이다. 시험이 당신 생각보다 중요하지 않아 집중이 안 되는 거라면 과감히 시험을 포기하고 새로운 집중이 될 수 있는 선택을 찾아보는 것도 나쁘지 않은 선택일 것이다. 무엇보다 어떤 선택을 하든 당신 미래에 좋은 결과만을 줄 것이라 믿고 나아간다면, 혹시나 이번 결과가 안 좋더라도 다음에 더 큰 기쁨을 위해 나에게 주는 교훈 또는 성장통이라 생각하며 앞으로 나아가면 된다. 우울해할 필요 없이 이것은 주인공에게만 오는 시련이라 믿고 기분 좋게 다음을 준비하면 되는 것이다.

　부정적 삶을 살지 않게 만들어 주는 '의식하기'는 당신의 행복한 삶을 찾을 수 있는 유일한 길이자 지름길이 되어준다. 의식하는 법을 일찍이 터득하면 분명 더 좋겠지만 나이에 상관없이 의식하기를 통해 당신 자신을 확고히 믿게 되었다면 행복한 삶, 성공한 삶을 찾게 되는 기간은 모두에게 공평할 것이다. 시간은 그저 인간이 쉽게 살아갈 수 있게 만든 가상의 기준점일 뿐 사람들마다 이 시간의 흐름은 다르게 흘러가기 때문이다. 몇십 년간의 오랜 기다림과 노력으로 원하는 목표를 이루는 사람이 있는가 하면, 같은 목표라도 아주 단기간에 이루어내는 사람들이 있다. 같은 목표에 같은 시간이 걸리는 것이 아닌 얼마나 더 목표에 집중하고 해낼 수 있는 믿음이 확고한지에 따라 달성하는 기간은 정해질 것이다. 남들이 달성하는 시간을 믿지 말고 당신 자신을 믿어 보자. 당신은 남들이 불가능하다고 말했던 일들을 해내고 불가능하다 했던 것을 얻고, 불가능하다 여긴 짧은 기간에 모든 것을 이룰 힘이 있으며, 불가능하다 했던 유일한 사람이 될 수 있다. 매일같이 긍정적인 선택만을 할 것이라는 믿음을 가져보고 이전과 똑같은 안 좋은 습관이 나도 모르게 나오거든 의식하기를 통해 그것들을 잠가 두자. 그리고 이 습관을 벗어나 진정하려는 일을 했을 때의 미래를 동시에 그려 보자. 여기서 가장 중요한 점은 본인이 이미 그 좋은 결과를 받았다고 정말 믿는 것이다. 믿는 게 쉽지 않다면 일단 웃어라. 긍정적인 행위를 하면 같이 연결되어 있는 긍정적인 신호가 알아서 당신을 좋은 미래로 이끌어 줄 것이다. 좋은 선택지로 인도할 것이다. 안 좋은 일이 일어났어도 개의치 않고 긍정적인 행위를 통해 그것들이 온 것을 인정함과 동시에 더 신경 쓰지 않고 지낸다면 어느새 안 좋은 일들은 좋은 일들로 바뀌어 있거나 당신 자신이 왜 우울했었는지조차 모를 정도로 빠르게 지나가 있을 것이다.

2장 요약

- 이 세상에 우연은 없다. 과거의 당신의 선택과 행동들이 모여 지금의 현재가 이루어진다.
- '행운'은 인생을 살면서 필요한 가장 큰 무기이다. 간혹 우리 주변엔 '행운'이 특별하게 좋은 사람들이 있다. 그리고 그들은 대부분 많은 부와 명예를 얻으며 살아간다.
- '성공'과 '행운'은 같은 연결 고리 안에 있다. 넘볼 수 없는 운을 가지는 법을 알게 된다면, 성공은 자연스레 따라온다.
- 인생의 작은 선택 하나하나가 모여 현재 당신 삶들을 대체하고 있다. 이 말은 즉 선택하는 방법만 바꾼다면 전혀 다른 새로운 삶을 살 수 있다는 뜻이 된다.
- 다른 사람의 판단에 기대어 틀린 길을 가지 말자. '의식하기'는 본인만의 훌륭한 지름길을 찾아 준다.
- 고정 관념에 잡혀 있으면 남들과 똑같은 인생을 살게 될 뿐이다. 당신의 한계를 미리 예측하고 판단하지 말

자. 고정 관념은 깨닫지 못하는 사람들에게만 적용될 뿐이다.
· 의식하기 시작한 당신은 남들이 불가능하다 했던 일들을 해내고, 불가능하다 했던 유일한 사람이 될 수 있다.
· 의식하는 습관은 크게 세 가지로 구분할 수 있다.

  1. 현재 상황을 의식하기

  2. 의식한 상황을 좋은 결과가 되어 있을 것이라 믿기

  3. 믿은 마음에 의심을 품지 않기

  4. 내게 좋은 작용이 될 것이라는 기대와 함께 긍정적으로 행동하기

· 의식하여 문제점을 찾았다면 잘 해결될 것이라는 믿음만 가진 채 그 믿음에 일말의 의심도 품지 말아야 한다.
· 무엇부터 먼저 시작해야 할지 모르겠다면 일단 웃고, 긍정적인 신호로 답을 해야 한다. 안 좋은 일이 생겼더라도 아주 빠른 속도로 그 공간에서 빠져나갈 힌트를 줄 것이다.

3장

과거를 이해할 때 '주인공'이 되어 간다

힘들었던 과거를 과연 좋게 바꿀 수 있을까?

대부분의 사람들은 인생을 살면서 작은 선택 하나하나가 모여 당신 삶들을 대체하고 있다는 것을 의식하지 못한다. 당신이 살고 있는 현재는 과거의 당신의 선택이 모여 탄생한 순간이고, 현재를 통해 당신의 과거도 엿볼 수 있게 된다. 하다못해 겉으로 풍기는 모습, 말투, 표정조차 당신의 과거를 비춰 줄 때가 있다. 대개 평상시 사람들의 관계는 만남으로부터 형성되는데 그런 만남 중 가장 중요한 만남은 첫 만남 시의 상대의 인상 및 분위기 등일 것이며 우리는 상대의 말투, 얼굴 표정 등으로 상대의 첫인상을 형성하여 앞으로의 만남에 이를 대부분 사용하곤 한다. 첫 만남 시의 정보라곤 기껏해야 얼굴, 말투, 몸짓, 분위기 등인데 사람들은 이런 제한된 정보만을 이용하여 상대를 멋대로 판단하게 된다. 이를 '가설 검증 바이어스' 또는 쉽게 말해 '편견'으로 부른다. 사람들은 본인의 경험과 지식을 상대의 첫인상에 녹여 본인 멋대로 판단한다. 첫인상은 여러 성향을 가지고 있는 상대의 성격을 제한된 정보뿐인 자기의 잣대로 마음대로 형성한 것이지만, 한번 정착된 첫인상은 자신의 판단에 들어맞지 않는 정보는 무시하고 자신의 판단이 옳다는 것을 증명하는 정보만 선택적으로 받아들이고 확신해 버려 상대를 단정한다. 이러한 이유로 우리는 무의식적으로도 상대에게 보이는 첫인상의 중요함을 알고 있으며 취업을 위해 면접을 진행하거나 비즈니스를 위해 사람을 만나는 자리 등에 많은 시간과 노력을 할애하기도 한다. 상대가 나를 보는 첫인상은 상대에 의해 결정되는 부분이 많지만, 상대에게 약점을 보이지 않고 첫 만남을 이어갈 수 있다면 어떨까? 간혹 우리는 사랑을 가득 받고 자란 티가 나는 사람들이나 무슨 일을 하던 여유가 넘쳐 보이는 사람, 남들과 같아 보이지만 어딘가 다르게 확신이 풍겨오는 사람 등 신기하게도 긍정적인 분위기를 품고 있는 사람들을 보게 된다. 부정적인 과거가 없이 꽃길만 걸었을 것 같은 그들은 어떻게 그런 분위기를 풍길 수 있게 되는 걸까? 그리고 과거의 아픔이 있는 당신이라면 그들과 같은 긍정적인 분위기를 몰고 오는 사람이 될 수는 없는 걸까? 현재를 살며 보여 주었던 당신의 과거를 이해하는 것에서부터 이 변화는 시작될 수 있을 것이다.

학생 한 명이 고민으로 찾아왔다. 그는 중학교 때 왕따를 당한 경험이 트라우마로 남아 있는 상태였는데 이로 인해 부모님께 대들고 고등학교는 자퇴를 했으며 매일같이 집 안에서 하는 일 없이 시간만 헛되이 보내고 있던 학생이었다. 그는 트라우마 때문에 일상생활을 아예 할 수 없는 상태로 상담과 치료가 동시에 필요한 학생이었다. 그는 생각보다 안 좋은 중학교 시절을 보냈던 것으로 보였기 때문에 먼저 트라우마의 극복이 필요했다. 중학교 시절을 생각하며 자책하고 중학교 때 아는 친구에게 전화라도 올까 핸드폰에서 알람이 울릴 때마다 깜짝깜짝 놀랐다. 굉장히 불안감을 보이고 있었고 쌓였던 분노를 표출하지 못해 안달 난 상태였다. 처음 상담하러 왔던 나에게도 굉장한 적대심을 보였었다. 이 학생과 같이 과거의 기억 속에서 힘들어하는 사람에게는 과거를 벗어나게 만들어 줄 무언가가 필요했다. 당신도 알다시피 이미 지나간 과거는 타임머신이 있지 않는 한 어떤 방법으로든 되돌릴 수가 없다. 타임머신이 있다 해도 겪었던 과거는 머릿속에 깊이 박혀 계속 당신을 괴롭힐 것이다. 그렇기에 타임머신이 있다 한들 이것이 당신의 정확한 해결책이 되어 주지는 못한다.

먼저 그에게 왕따를 겪었던 과거를 인정하라고 조언하는 것이 필요했다. 그리고 왕따를 겪으면서 생겼던 심리 변화는 오히려 남들보다 어린 나이에 깊은 고민을 하며 정신적 성장을 이룰 수 있게 하는 좋은 재료가 되었을 것이라고 얘기해 주었다. 어렸을 때 남들보다 일찍이 겪었던 그 시련을 통해 훨씬 더 이른 나이에 깊은 고민을 할 수 있게 되는 사고를 가지게 되었고, 나중에 나이를 먹어서 회사 사람들이나 주변 사람의 심리 상태를 들여다 보는 데에 전문가가 되거나(이로써 많은 돈을 벌고 성공하거나) '이 상황에서 이런 식으로 행동하면 상대가 다른 행동을 하겠구나' 하는 부분을 명확히 알고 있어 사람과의 관계 진행에 도움이 될 것이라 해주었다. 질이 좋지 못한 사람을 남보다 찾는 능력이 뛰어났기에 미래에 생길 사건들을 미리 확인하고 대응할 수 있게 되는 등 본인이 어떻게 받아들이느냐에 따라 큰 장점이 될 수 있을 것이고, 피해를 입은 내가 잘못된 것이 아니라 상대에게 문제점이 있음을 인지시켜 주고 이는 큰 미래를 위한 성장통이었음을, 그저 넘어지면 다시 일어나듯 나에게 다가와 나를 단단하게 걷게 해줄 재료였음을 이해시켜 주려 하였다. 관점을 바꾸면 사고가 유연해지고 역경을 극복할 힘이 생긴다는 것을 일찍이 '회복 탄력성'이라는 명칭으로 우리에게 제시했던 게일 가젤(Gail Gazelle) 박사는 나쁜 일에 대한 '유연함'의 중요성을 주장했다. 500명이 넘는 의사들의 내면의 위기와 역경을 극복해 '의사들의 의사'로도 불리는 그녀는 고통은 삶의 자연스러운 일부일 뿐이며 힘든 일은 일어나서는 안 된다고 생각하는 것 자체가 잘못된 생각이고, 내가 현재 힘든 처지(과거로 인한 두려움)에 있더라도 다음 상황이 늘 똑같이 이렇게 안 좋지는 않을 것이라는 긍정적인 마음이 병행되어야 한다고 이야기한다. 나쁜 일에 더 많이 반응하면서 살았던 지금을 바꾸고 과정을 즐기면서 앞으로의 행복감과 긍정성을 가져야 하며 무엇보다 고통을 당한 부분에 있어 자기 탓으로 돌리지 않는 '유연성'을 기르는 것이 가장 중요한 핵심이라 이야기해 준다.

"너의 잘못이 아니야. 인생의 사소한, 지나가는 일일뿐인걸."

과거의 시련은 당신을 주인공으로 만들어주기 위한 시험이다

우리는 삶을 살면서 TV나 혹은 영화에서 주인공에게는 무조건적인 큰 시련이 나타나는데 이를 발판 삼아 더 큰 자아 성장을 보이는 모습을 자주 본다. 자주 보는 것이 아닌 다시 생각해 보면 항상 그랬다. 아무런 시련이 없다면 그 사람의 성장도 거기까지였을 것이며, 우물 안 개구리 속 그저 그런 사람으로 한 평생 살아갔을 것이다. 어쩌면 당신에게 작고 큰 시련들이 생기는 것은 당신도 모르는 저 높은 우주의 무엇인가가(종교가 있다면 신이라 칭해도 되겠다) 당신의 성장을 위해 일부러 시련을 주는 것은 아닐까? 당신을 아직 놓지 않고 있기 때문에, 당신이 주인공이 될 재목이기 때문에 당신이 이겨낼 수 있을 만한 시련만 주면서 당신이 성장하기를 기다리고 있는 거라면, 당신에게 버거운 큰 시련이 닥쳤다 해도 이것은 당신이 능히 이겨낼 수 있는 시련이었고 또 그것이 맞다는 결론이 된다. 모든 시련은 배움의 기회가 되는 일시적인 성장통일 뿐이고, 그 시련 덕분에 비로소 주인공이라 부를 수 있는 인물로 탄생되어 세상을 바로잡는 위인이 되거나 남들이 판단할 수 없을 정도로 많은 돈을 거머쥔 부자가 되거나 할 수 있는 것이다. 아무런 시련이 없었다면 좋은 핏줄로 태어났더라도 결코 이름 하나 이 세상에 남기지 못했을 것이다. 그렇게 나는 본인에게 발생한 일에 대해 '왜 나에게만 이런 일이 발생했을까' 하는 부정적 씨앗이 싹트지 않게 생각하는 것이 중요하다고 믿고 있고 인생의 전환점이 지금 이 순간 이 책을 통하여 당신에게 이루어지길 바라고 기대한다. 더 이상 당신의 과거를 부정적으로 보지 않고 주인공이 될 자질에 맞게 품어 주고 이해해 주면 되는 것이다.

내가 중국에 잠시 거주할 때였다. 나는 대학교 시절부터 의식하는 법을 깨닫고는 긍정적인 흐름 안에서 나 자신을 성장시킬 방법을 연구하며 학교생활을 마치고 있었는데 나 자신을 성장시키는 방법을 찾기 위해 고민하던 중 행운 하나가 나에게 끌어당겨졌다. 그 당시 유학생의 신분이었던 나는 아무래도 현지인보다 정보력이 약할 수밖에 없었는데, 친한 친구 한 명이 내 이름으로 유학생 대표라는 명목으로 추천서를 올려 주었고 추천서 덕분에 알리바바 창시자 마윈(Ma Yun)을 만날 기회가 생겼다. 마윈은 학교 몇몇 학생들에게 도움을 주기 위해 잠시 들른 것이었다. 그는 친구처럼 사소한 내용(좋아하는 음식 등)을 웃으면서 얘기해 주는 등 풍기는 분위기는 단단했으나 말투는 따뜻했다. 그는 어렸을 적 공부로도 외모로도 어느 하나 소질이 없는 학생이었다고 하는데 주변 학생들에게도 인기가 없다 보니 항상 미래에 대한 불안감이 많았다고 한다. 하고 싶었던 것도 없었고 조금이라도 도전을 해 보려고 하면 외모 때문에 떨어지는 일이 빈번했었다고 한다.(본인 생각엔 외모가 주된 이유였다고 웃으며 얘기했다.) 외모로 인해 우울함 속 많은 좌절을 했었지만 우연히 문득 그에게 한 가지라도 열심히 해서 최고가 되자는 생각이 들고, 그렇게 어렸을 때부터 영어 공부에 매진을 해 외국인을 상대로 가이드를 하는 등 적극적으로 인생을 살아 보게 된다. 그는 본인은 애초에 총명한 아이가 아니었다 얘기하며 어렸을 때 대부분의 과목에서는 최하 점수를 받곤 했지만 영어만큼은 모든 노력을 불태웠고 영어로 한 우물만 판 결과 그는 영어에 대한 능력을 인정받고 인기 강사로 타 지역을 오가며 영어를 가르치게 된다. 중국 항저우에서 '영어가 가장 유창한 사람'이라는 타이틀로 주변인에게 알려졌던 마윈은 우연히 미국 방문 도중 인터넷을 처음 접하고 그렇게 인터넷 회사를 창업, 더 나아가 세계적인 기업 간 전자 상거래 사이트를 개설하며 전 세계 언론의 주목을 받는다. 외모에 대한 남모를 콤플렉스가 있던 그였지만 외모로 좌절하고 있지 않았다. 본인이 가지고 있던 시련을 떨쳐내고 지금은 오히려 특별한 얼굴로 많은 사람들에게 각인되고 있다. 본인이 무엇이든 되어 보겠다는 그 믿음은 그를 이제 세계적으로 영향력 있는 인물로 만들었고, 모든 부하 직원들이 존경하는 사람으로 만들었다. 그는 나중에 본인의 외모에 대해 말하는 사람들에게 "남자의 외모는 능력과 반비례한다."라는 명언을 남기기도 하면서 본인의 콤플렉스도 이제는 웃음으로 승화할 수 있게 되었다.

우리는 항상 좋은 인생을 살아야만 밝은 미래가 올 것이라 생각하지만 실제로는 우리에게 일어나는 안 좋은 사건이나 자극이 일상적 삶에 큰 영향을 미치는 경우가 많다. 특히 특정 단어나 사물, 사건, 개념 등과 같은 자극이 다양한 정신적 활동에 영향을 주어 우리가 선택의 기로에 섰을 때 우리의 직감을 담당하기도 한다. 우리가 겪었던 자극이나 사건이 행동에 무의식적으로 미치는 영향을 점화 효과(priming effect)라고 부르는데 이 점화 효과는 우리가 중요한 선택을 할 때 직감에 큰 영향을 주어 효율적인 선택을 주도한다. 마윈(Ma Yun)은 맥주를 굉장히 좋아했다. 미국에 방문해서 처음 인터넷을 접한 날도 맥주라는 단어를 인터넷으로 검색해 볼 정도로 그의 맥주 사랑은 대단했는데, 인터넷에서 맥주 단어를 검색해도 다른 나라들의 자료들은 있지만 중국과 관련된 자료는 하나도 없는 것을 발견한다. 이 일을 계기로 중국에서의 인터넷 기업 창업에 잠재력을 느끼게 되고, 그의 알리바바 창업의 첫 불씨가 생긴다. 아무런 관련이 없을 것 같았던 당신의 과거가 누적되어 당신의 직감을 만들고, 당신의 인생을 휘어잡게 되는 결과를 도출하기도 하는 것이다.

결국 본인이 살아온 인생 역사들은 당신의 현재와 미래의 결과에도 지속적으로 중요한 역할을 하고 있고, 그렇기 때문에 과거의 안 좋은 사건이 당신을 붙잡고 있다 해도 나를 성숙시켜 준 좋은 재료였다 생각하고 품어 주고 앞을 보며 나아가기만 하면 된다. 안 좋았던 모든 과거들은 당신에게 있어 훌륭한 거름이 되어 흡수되었을 것이고, 당신이 인생의 긍정적인 열매만을 맺어 줄 수 있게 도움을 줄 것이다. 언젠가 좋은 날이 있을 거라는 믿음과 함께 당신 삶을 당신이 직접 끝내려 하지 않는다면 자신을 품은 성숙함과 더불어 당신을 영원히 행복하게 만들어 줄 거대한 행운은 당신 앞에 다가올 준비를 할 것이다. 그리고 이 의식하기와 함께 현실을 살아간다면, 현실은 훨씬 더 복잡하고 도전적이며 재미있을 거라는 걸, 의식하기를 통해 찾은 당신의 길은 남들과는 다른 지름길로 데려다줄 아주 완벽하고 따뜻한 길이 될 것이라는 것을 확신한다.

지금의 올바른 선택들은 미래의 올바른 과거가 된다

　우리는 언제든 주변 환경에 맞게 적응할 수 있는 능력을 갖추고 있다. 출근길이 멀다면 새벽형 인간이 되어 이전 밤늦게까지 안 자고 보냈던 생활들은 마무리되고 회사의 기준에 맞게 생활 패턴도 바뀐다. 회사가 원하는 인재상이 되기 위해, 뒤처지지 않기 위해 회사만을 보며 다른 일들은 제쳐 두고 회사를 바라보는 '회사인'으로 적응하게 된다. 당신이 하려는 선택이 주변 환경도 바꾸고 당신이 먹고살기 위해 필요할 능력에도 변화를 주는 것이다. 선택의 결과로 회사를 들어갔다면, 회사에서 생기는 이슈들은 당신이 원하든 원하지 않던 당신 감정을 좌지우지하게 되고 당신은 시간에 쫓기듯 회사만을 바라보며 산다. 어렸을 적 꿈과 목표들은 저 멀리 작은 통에 담아 두고 본인 미래는 돌보지 못한 채 회사의 미래만을 위해 살게 된다. 모든 회사 생활이 다 그런 것은 아니겠지만, 대부분이 의식하지 못하고 자기실현(self-actualization)을 달성하지 못한 사람들이기 때문에 99%가 이와 유사하다고 예측된다. 회사는 당신을 그저 새 부품쯤으로 여기고 시간이 지날 때마다 다른 새 부품으로 바꿀 준비를 하지만 당신은 회사만을 보며 모든 인생을 바쳤기 때문에 다시 돌아갈 길이 없다. 나이 먹어 이제는 다른 부품으로 교체될까 안절부절못하며 사는 삶이 시작된다. 매 순간 선택지는 무수히 많았지만 당신은 회사 생활에 집중한다는 핑계로 가장 안 좋은 선택지만 골라왔다. 이 안일한 선택들이 나중에 어떤 결과들로 되돌아올지 알면서도 피해 왔다. 사람들은 현재 그들이 하고 있는 안 좋은 행동에 대해 그걸 인지하고는 있지만, '이 정도로 별일이야 있겠어?', '잠깐 하는 건데'라는 안일한 생각으로 지내다 안 좋은 과거의 행동 속에서 몇 달, 몇 년, 몇십 년을 소비하면서 결국 당신 삶의 모든 것을 앗아간다. 나비 효과라는 단어처럼 지금 당신의 과거부터 현재까지 이어져 온 행동들이 작은 털끝 같아 보이지만 이 선택이 모이고 모여 당신의 모든 인생을 바꿔놓게 된다. 결국 되돌아올 힘조차 희미해지고 당신은 신세 한탄만을 하면서 남들이 알아주지 않는 공간 속에 나이와 시간만 먹어가며 그렇게 조용하고도 처절하게 살게 되는 것이다. 하루 동안 당신이 당신도 모르게 무수히 많은 선택을 하면서 살고 있는 것을 알고 있는가? 우리는 일어나면서부터 5분만 더 자고 일어날지, 씻기 전 다른 일을 더 할지, 늦게 일어났다면 씻을 때 시간을 절약할 수 있겠는지 등 깨어난 다음 10초간 무수히 많은 선택지에 놓여 있게 된다. 어느 선택이 되었든 당신의 그 선택이 그날 하루 컨디션에 가장 중요한 길잡이 역할을 하게 되는 것은 분명하다. 대부분의 사람들은 모든 순간을 가볍게 보고 선택을 하기 때문에 매일매일을 그저 그런 반복된 삶이라 여기며 살아간다. 그렇게 나이는 먹고 정신은 잃고 건강은 해친다. 그저 그런 사람이 되어 강렬한 첫인상이 없는 상대의 부정적 편견에 딱 들어맞는 무색무취의 사람이 되어간다. 현 상황을 직시하고 내 선택 하나하나에 중요한 힘이 있다고 믿고 그 선택마다 신중하게 골라야 하는 것을 우리는 반드시 의식하고 있어야 한다. 나이를 먹고 열정은 식고 뒤늦게 다른 선택지를 고르고 싶어 하나 이미 그동안 선택했던 안 좋은 선택의 결과들이 당신 발목을 잡는 상황이 온다면 어쩔 수 없이 당신의 미래는 회사에 쫓겨나 음식점을 하던 남들과 똑같이 나이 먹어서 가능한 소소한 일들만 찾으며 인생을 마무리 지을 확률이 매우 높아짐을 깨닫고 있어야 한다.

당신이 살고 있는 이 세상은 불완전하고 비정상적이다. 불완전한 틀에 당신을 끼워 맞추어 살고 있으니 행복하지 않은 건 당연할 것이다. 당신과 비슷한 인생을 살고 있는 사람들이 지구상에 대부분이고 그런 사람들이 이 체계를 만들었으니 말이다. 조금이라도 의식하며 살지 않으면 그들과 같아질 것이고 그들과 같은 삶을 살게 된다. 애플 창업자였던 스티브 잡스(Steve Jobs)는 항상 삶은 매우 제한적이니 앞으로 더 다채로워질 수 있다고 얘기한다. 단 하나의 사실만 깨우친다면.

"인생이라고 부르는 모든 것들은 당신과 비슷한, 끽해야 당신 정도인 사람들이 만들어 왔어요. 그러니 조금만 더 달리 생각한다면 당신은 언제든 인생을 바꿀 수 있고 영향을 줄 수 있고, 당신만의 것들을 만들 수 있습니다. 이것을 깨닫기 시작한다면 삶이 더 이상 예전 같지 않을 거예요."

3장 요약

- 우리는 항상 좋은 결과를 가져올 수 있는 특별한 능력이 있는 사람들이다. 그저 그것을 모르고 세상에 버림받을까 두려워 남들이 갔던 안정적인 길만 가려고 한다.
- 과거의 아픈 기억은 본인이 어떻게 받아들이느냐에 따라 미래의 더 큰 아픔을 대비할 재료가 되기도 한다.
- 모든 주인공은 큰 시련이 없었다면 그저 그런 엑스트라였을 것이다. 큰 시련을 통한 성장만이 주인공이 될 값진 성장의 원동력이 된다.
- 과거의 아픔은 당신의 잘못이 아니다. 힘든 일은 삶에 일부분으로서 당연히 일어나는 것이다. 힘든 일이 일어나서는 안 된다고 생각하는 것 자체가 잘못된 생각이고 늘 똑같이 지금 상황에 머무르지 않을 거라는 긍정적인 마음을 품고 있어야 한다.
- 어쩌면 당신에게 작고 큰 시련들이 생기는 것은 하늘이 당신의 성장을 위해 일부러 시련을 주는 것은 아닐까?

당신이 주인공이 될 재목이기 때문에 당신이 이겨낼 수 있길 바라며 성장시킨다고 생각한다면 시련은 더 이상 당신에게 부정적인 것만은 아니게 될 것이다.
· 당신이 다양한 경험을 할수록 당신의 직감은 더욱 효율적으로 당신을 도와주게 된다.
· 본인이 살아온 인생 역사들은 좋은 것과 나쁜 것의 구분 없이 당신의 미래에도 지속적으로 중요한 역할을 하고 있고 좋은 날이 하루빨리 오도록 당신을 곁에서 도와준다.
· 당신은 의식하기 시작한 순간부터 이미 주인공이 될 자질을 갖추었다. 당신이 겪었던 순간순간들을 이해하고 과거를 통해 미래를 대비해 행복하게 만들 준비만 하면 된다.

4장

미래를 기대할 때 '지름길'을 걷게 된다

일찍이 부와 행복을 거머쥐는 사람들은 무엇이 다를까?

하늘을 나는 새 중 몸길이 60cm, 70년의 수명을 가지고 있는 솔개라는 새는 40살이 되면 발톱과 부리의 노화로 하늘 높이 날아오르기가 어려워진다. 부리도 길게 자라 가슴에 닿을 정도가 되고, 깃털도 두껍게 자라 몸이 비대해져 더욱 그렇다. 사냥하기 어려운 몸 상태가 되면 살기 위해 몸부림치지 않는 솔개들은 대부분 도태되어 죽어 가며, 남은 솔개들은 살기 위해 산꼭대기에서 입으로 자신의 발톱과 깃털을 뽑아 새로운 발톱과 깃털의 발달을 촉진하기 시작한다. 온몸이 피투성이가 되어 통증이 심한데도 이 과정을 반년 동안 지속하여 새 발톱과 깃털을 얻은 솔개는 새로운 30년의 수명을 더 살아갈 수 있게 된다.

이 이야기는 업체 대표들이 직원들에게 강의를 할 때 명확한 의사 전달을 위해 비유하는 이야기로도 많이 쓰였다. 어쩌면 느끼는 감동이 더 클 수 있게 과장을 많이 섞어낸 우화일 뿐일 수 있지만, 이렇게 해서 듣는 사람에게 하여금 감동을 줄 수 있다는 것은 어쩌면 상상조차 할 수 없는 힘든 시련을 이겨 냄으로써 미래에 더욱 성장하고 성숙해진다는 것을 무의식적으로도 우리가 알고 있기 때문이 아닐까. 이 작은 새조차 미래의 생존을 위해 감당하기 힘든 시련을 견뎌내는데, 변화를 위한 아무런 일도 하지 않고 그저 편안하고 평화로운 미래를 바라면서 되는 대로 살고 있는 것이 과연 맞는 모습일까 되물어 볼 필요가 있다.

모든 사람들에게는 항상 행복한 미래를 앞당겨 줄 지름길이 있다. 이 지름길은 빨리 가는 것만을 의미하지 않는다. '빠르게 가는 것' 그리고 '옳게 가는 것' 두 가지 모두가 병행될 때 비로소 지름길을 가는 것이라 얘기할 수 있겠다. 일찍이 명문대를 졸업하여 의사나 검사가 되어도 자살하는 이가 있고, 대기업에 다니다가도 사직하고 작은 음식점을 열어 생계를 근근이 이어 가면서도 먹지 못하는 이들을 챙겨 가며 행복해하는 이가 있다. 어떤 지름길을 어떻게 가느냐는 사회에서 규정해 주지 않는다. 오롯이 자신의 몫이다. 내 자아가 바라는 것을 찾아 밝은 미래를 찾아내는 것이 당신 삶의 '이유'이자 지름길의 '기준'이 되어 줄 것이다. 어렸을 적 경험이나 부모, 지인들의 행동이나 특정한 사건, 사고로 이 지름길을 일찍이 찾아가는 사람이 있는가 하면, 평생 그 길을 모르고 살아가는 사람이 있다. 평생 몰랐으면 억울하지는 않겠지만 모종의 사건으로 인생에 큰 전환점이 생겨 보았던 사람이라면 그 지름길을 또다시 찾기 위해 모든 열정을 쏟는다. 지름길을 찾는 모든 사람들의 공통된 특징이 있다. 바로 확고한 믿음에서부터 모든 다양한 지름길이 생겨난다는 것이다. 믿음의 힘이 우리에게 주는 힘은 과연 어느 정도일까?

90m 아래로 추락하여 폭발한 자동차 사고에서 살아남고, 이후 죽는 게 그의 운명이라는 듯이 기차 사고, 비행기 추락 사고 등 모든 사고들이 달라붙지만 모든 사고에서 기적적으로 살아난 크로아티아의 음악 교사 프란 세락(Frane Selak)은 남들은 한 번만 겪어도 목숨을 잃을 사고를 무려 7번이나 겪는다. 신이 그가 죽기를 바랐던 것일까. 남들 같았으면 언제 사고를 당할지 모를 불안감에 일상생활을 제대로 하지 못했을 텐데, 그는 역시나 달랐다. 본인을 죽음도 어쩌지 못한 행운을 가진 사나이라 자칭하며 살아간다. 남들에게도 그렇게 불러 달라 이야기하며 다니고, 본인도 그 일들을 자랑스럽게 내세우며 산다. 마치 그동안 행운이 없었더라도 지금은 행운이 자석처럼 본인에게 붙기를 바라는 마음으로. 그의 이런 소식은 결국 매스컴에도 타게 되고, 전 세계 많은 사람들은 그를 이제 행운아라고 부르게 되었다. 이후 그는 어떤 삶을 살게 되었을까? 한 사람이 7번의 대형 사고를 겪을 확률은 몇조 분의 1이라고 한다. 로또의 몇 배인지 나는 감히 헤아려 볼 수 없다. 이 정도면 세상이 무서워 집 밖을 못 나가 정신병에 걸려서 인생을 살아갈 수도 있던 그였다. 하지만 본인의 이야기를 행운이 가득한 스토리로

믿고 삶을 살던 그였기에 그 이야기들이 주변에 퍼져나가는 그 시기 거짓말처럼 그에게 복권 당첨이라는 행운이 찾아온다. 3억 분의 1 확률을 뚫고 1등 복권 당첨금 20억을 받게 된다. 불가능이다 여겼던 모든 일들이 찾아보면 전 세계 사람 몇몇에게는 실제로 겪었던 일들이라는 것과 0.0001%의 확률이라도 당신 자신에게 닥친다면 그것이 곧 100%의 확률이라는 것. 확률은 무의미하고 우리의 믿음은 무궁무진한 힘을 가지고 있다는 것. 원하고 믿고, 끈기 있게 버티기만 한다면 미래에는 크게 성장해 있는 당신이 되어 있을 거라는 것을. 간접적으로 세상 모든 것들이 이것을 가르쳐 주기 위해 당신 앞에 존재하고 있다.

미래에 대한 긍정적 믿음은 모든 것을 가능케 한다

이 확실한 믿음은 우리 주변에서도 쉽게 많은 기적을 보여 주고 있다. 리우 올림픽 펜싱 종목에서 금메달을 획득한 박상영 선수는 올림픽에 나가기 전까지 부상으로 쉬는 동안 20위 밖으로 순위가 밀려나는 등 사람들의 메달 기대에는 미치지 못하는 상황이었다. 그러다 보니 자연스럽게 다른 선수들에게 이목이 집중되었고 그는 대회 기간 동안 조용한 혼자만의 연습을 이어갔다. 하지만 출전 후 거짓말처럼 부상을 이겨 내고 차례차례 강호들을 꺾어 나갔고, 16강에서 세계 2위 이탈리아 선수를 꺾는 이변을 연출하면서 다시금 사람들과 미디어의 관심을 모으기 시작했다. 이어 8강과 4강에서 모든 경쟁자들을 완파하고 결승까지 올라간 그였지만 아쉽게도 결승전 상대의 노련한 움직임으로 수읽기에 점점 밀리기 시작한다. 상대에게 밀리기만 하는 양상이 계속되고, 4점을 연속으로 내주며 마지막 1점을 상대에게 주면 그대로 경기는 종료되고 금메달은 상대가 가져가게 되는 상황이 된다. 박상영 선수가 출전한 펜싱 에페는 상대 공격을 동시에 성공해도 동시 득점이 인정되는 경기기 때문에, 1점만 남은 상황에서는 비기기만 해도 경기가 종료되는 상황이었다. 이때 현장 카메라가 박상영 선수의 옆모습을 찍는다. 모든 중계진과 응원단이 조용해지고, 그때 한 관객이 갑자기 박상영 선수를 향해 외친다.

"할 수 있다!"

박상영 선수는 그 얘기를 듣자마자 현장 카메라가 자신을 찍는 것을 인식하지 못한 채 허공을 보며 크게 숨을 들이마신 뒤 얘기한다.

"그래, 할 수 있다, 할 수 있다. 후! 나는 할 수 있다."

조용해진 분위기 속 영화의 한 장면 같았던 그의 모습은 보는 사람들로 하여금 신기하게도 정말 그가 해낼 것 같다는 믿음을 안겨 준다. 정말 그가 불가능한 일을 이루어 낼 수 있을 것 같았다. 불가능할 것 같지만 그의 눈빛은 자신이 해낸다는 것을 이미 알고 있는 듯한 모습이었기 때문이다. 너무 당당했고 행위에 주저함이 없었다. 조금의 두려움이 없었던 그의 모습은 보는 사람들도 그가 무언가를 해낼 것 같다는 알 수 없는 느낌이 들었다고 한다. 그 뒤 그는 정말로 단 한 번도 상대의 공격을 허용하지 않았고, 연속적으로 내리 4점을 따내어 승부를 원점으로 돌리더니, 동점인 상황에서 마지막 공격을 정확하게 적중시키면서 역전승을 하는 기적을 이루어 낸다. 남들이 불가능하다 생각했던 일을, 대회에서는 일어나 보지 않았던 아주 작은 확률을 그는 현실로 만든다. 확고한 믿음을 가지고 인생의 중요한 선택지에서 기적을 일으킨 그는 위인

전에 들어가거나 자서전에서만 볼 수 있는 먼 곳에 있는 사람이 아니었다. 우리와 같은 주변 사람이고 비슷한 음식들과 일상생활을 함께하는 사람 중 하나였다. 그저 그와 당신의 차이는 현재만 보지 않고 완벽하고 행복한 미래가 있을 것이라는 믿음의 힘을 얼마나 믿고 살아가는지에 차이가 있을 뿐이었다.

설령 당신의 믿음이 근거가 부족하더라도, 그릇된 믿음이더라도 믿으면 정말 믿는 대로 이루어진다. 믿음의 힘이 클수록 확실히 그 믿음을 보답하기 위해 주변 관련 환경이 당신에게 끌어당겨지고 거대한 비전을 성취할 수 있게 만든다. 이는 무의식을 다루는 뇌과학이 증명했고, 인류 역사가 뒷받침해 준다. 예전에는 마음가짐을 바꾸기만 해도 원하는 삶을 살 수 있다는 생각은 아무리 유명한 사람이 설명을 해도 과학자들의 비판을 피할 수 없었다. 하지만 현대에 들어 마음가짐을 바꾸면 신경가소성(neuroplasticity)을 통해 우리의 경험이 신경계의 기능적, 구조적 변형을 일으켜 유연하게 변하는 뇌의 능력을 입증하게 되었고 무의식적으로 이걸 깨달은 사람들은 모두 이미 그들이 원하는 부와 행복을 거머쥐고 있었다.

모든 사람에게 사랑받고 존경받는 신부님, 스님 또는 각 분야를 맡아 사업을 운영하고 있는 CEO들이 있다. 그들은 본인 삶을 회고하며 주변 사람들에게 지혜와 가야 할 길을 제시해 줄 때가 있다. 그분들이 일궈 오신 삶의 이야기들을 우리는 엿듣고 그 이야기를 말미암아 인생의 힌트를 얻게 되기도 한다. 인생의 목표나 이루어야 할 것들, 사람을 대하는 방법, 좋은 사람, 나쁜 사람을 가리는 방법…. 그리고 가끔씩 나이를 먹고 사람들의 존경을 받아왔지만 본인이 속으로 후회하고 있는 일 등 모두가 말이다.

뭐든지 삶의 끝에서 본인이 직접 겪어본 인생 이야기들은 그 질(质)이 다르기 때문에, 이 부분을 잘 풀어낸다면 더욱 듣는 이에게 깊은 인상을 줄 수 있다. 그래서 보통 이 질(质)적으로 우수한 이야기들은 오랜 세월 동안 입에서 입으로 전해져 내려오기도 한다. 입에서 입으로 전해 내려오는 이야기들을 통해 많은 사람들이 교훈을 얻을 수 있는 것도 질(质)적인 우수함 때문일 것이다.

그리고 이 질(质)이 높은 이야기들을 자기 얘기처럼 금방 흡수하여 인생에 이것을 녹이는 부류가 있는데, 보통 이런 흡수력(吸引力)이 높은 사람들이 남들보다 많은 것을 깨달아 높은 자리까지 가는 경우를 많이 보았다. 그래서인지 내가 뵙고 이야기를 들으려 했던 대부분의 지식인에게는 언제나 대형 사업체를 운영하고 있는 사람들이나 부유하지만 마음에 고민이 가득한 사람들이 찾아와 그들 주변을 맴돌았다. 이 흡수력(吸引力)은 거창해 보이지만 선천적인 능력이 아니라 우리 모두가 한 번씩 경험했던 능력이다. 특히 이 능력은 어렸을 때 발현이 더욱 잘 된다. 이걸 통해 사람과의 의사소통 능력을 일찍이 길러 밥벌이를 하거나, 안 좋게는 사기를 치는 능력으로 사용하는 사람들도 보았고, 외국어 배움에 사용해 어렸을 때부터 외국어 언어 학습에 큰 두각을 보이는 사람도 있다. '아이들의 뇌는 마치 스펀지 같아서 모든 걸 흡수한다'라는 말을 들어본 적이 있는가? 뇌와 관련된 복잡한 이론들은 넘겨 두고 간단히 생각해 보자. 어린아이가 이제 막 배우기 시작한 분야에서 어른들보다 쉽게 능력을 꽃피우고 가파르게 성장할 수 있는 것은 어린아이의 마음이야말로 아무런 고민 없는 긍정적인 마음 그 자체라 순수하게 좋은 흐름으로 모든 것을 받아들일 수 있는 게 아닐까, 라고 나는 생각한다. 점점 성장하면서 당신은 다양한 환경을 겪게 되고 그 환경을 통해 생기는 걱정거리, 스트레스는 당신이 온전히 긍정적인 흐름을 받아들일 수 없게 만들고 서서히 부정적 씨앗을 심을 상황을 만들게 될 것이다. 부정적 상황을 바꿀 수 있는 충분한 멘탈을 가지고 있지 않다면 그대로 그 상황은 당신의 삶과 공존해 지금의 이 자리까지 함께하게 되고 있는 것이다. 무엇인가 하기 위해 도전을 꿈꾸지만, 현실이라는 벽이 너무 커 보여 막상 실천하지 못하고 있지는 않는가? 가족이 있다면 가족 핑계를 대며, 회사일이라면 회사일이라는 핑계를 대며 꿈은 꿈일 뿐이라는 부정적 생각만 한 채 하늘에서 큰돈이나 떨어져 주길 기다리고 있지 않느냐 말이다. 지금 상황에서의 생각은 좋은 영향을 주지 않고 부정적인 생각으로만 이끌기 때문에, 아무 생각을 하지 않고 일단 한 걸음이라도 내딛는 걸 목표로 삼아 보자. 큰 걸 바라지 않고 작은 발걸음이면 된다. 무리하지 않아도 된다. 사소하여도 좋다. 당신의 작은 발걸음은 나비 효과가 되어 큰 태풍을 몰고 올 수 있는 힘이 있다. 그러니 많은 것을 지금 한꺼번에 생각하지 말자. 지금은 작아도 된다. 지금은 초라해도 된다. 마음을 잃어버리지만 말고 진행해 보자.

이 세상에 완벽함을 가진 사람은 없다. 그렇기에 성장할 수 있다

　그동안의 삶이 초라했다고 자책하지 말자. 당신이 당신 자체를 인정하고 이해하고, 품어 주게 될 때, 당신은 당신의 지금 모습을 통해 중요한 교훈들을 얻게 될 것이고, 지금껏 겪었던 경험들이 당신에게 긍정적 흐름으로 갈 수 있는 싹을 틔워줄 것이다. 자신 있었던 분야가 있다거나 흥미를 느꼈던 분야가 있었지만 성장하면서 그 가능성을 잊고 지냈었다면, 경험과 추억들을 통해 자신을 성장시킬 수 있는 힘을 얻게 될 것이다. 이건 당신의 내재되어 있는 가능성을 찾는 가장 쉬운 방법이며 이를 통해 긍정적인 흐름으로 한 단계 더 빠르게 다가갈 수 있다. 재벌가, 부잣집이 다른 집안보다 조금 더 나은 점이 있다면 아이들이 어느 분야에 흥미가 있는지 찾을 수 있게 모든 방안을 강구하며 아이들을 도와줄 수 있다는 것이다. 모든 취미나 기술, 분야들을 쉽게 배워볼 수 있는 길은 아무래도 돈을 통한 진행이다 보니 어렸을 때 발레, 바이올린, 골프 등 부잣집에서는 아이들에게 좀 더 많은 분야를 습득할 수 있는 기회를 줄 수 있었으리라. 어렸을 때 많은 분야를 한 번씩 경험해 보며 다양한 사고를 습득한 아이는 성장하면서 다른 또래

보다 다른 시각으로 상황을 보며 좀 더 본인 삶에 지름길을 잘 선택해 나아갔었을 것이다. 하지만 당신이 부잣집에 태어나지 않았다고 기회가 없는 것이 아니다. 대부분의 사람들은 사실 한두 개씩 안 좋은 가정사를 가지고 태어난다. 이건 극히 당연한 것들이다. 완벽한 가정에서 태어난 사람은 생각보다 매우 드물다. 그렇기 때문에 안 좋은 가정사가 있다고 그 가정사에 얽매여 있는 것은 굉장히 무지한 행동이다. 대부분 살아가는 게 바빠 이것들을 마음에 품고 살아간다. 보듬어 줄 시간도 없고, 여유가 없기 때문에 이를 극복하고 살아가는 사람들은 현저히 적다. 이 거대한 사회에서 버텨 내려면 아픔을 가지고 살아가는 것밖에 없는 것이다. 겉으로는 항상 밝은 사람처럼 보이지만 그 속은 상처로 가득한 사람일 수 있고, 언제든 누군가가 보듬어 주길 바라는 사람일 수 있다. 자신만 안 좋은 환경에서 태어났다고 우울해하지 말자. 그래도 열심히 여기까지 온 당신은 칭찬받을 만하다. 그리고 당신은 이 책을 보며 이제는 당신 삶을 '의식'할 수 있게 되었다. 이는 가장 얻기 힘든 보석 같은 능력이다. 이 책을 통해 당신은 지나간 것에 의미를 두지 않고 남들보다 몇 단계 더 성장할 수 있는 고속 엘리베이터를 탄 것이다. 옛날 기억을 되짚어 보며 다시 다양한 분야에 한 번씩 도전해 볼 수 있는 생각을 하게 되었고, 현재 삶을 변화시킬 수 있는 '의식하기'를 실현하게 되었다면 당신은 그저 믿고 올라가면 된다. 지나간 경험에 대한 의식은 하되 후회하지 말고, 현재 당신의 모습을 되돌아보며 그래도 잘 버텼다며 다독여 주자. 당신 자신에 대한 사랑이 긍정적인 방향으로 가는 가장 큰 힘이 될 것이다.

4장 요약

- 미래에 대한 확고한 믿음은 당신의 상상 이상으로 모든 것을 가능케 한다.
- 죽음과 같은 사건 속에서도 긍정적인 믿음을 잃지 않는다면 죽음도 피할 수 있는 힘이 생긴다.
- 이 믿음은 우리가 우러러보는 사람들만 가지고 있는 것이 아니다. 당신 주변인들도 이 긍정적인 믿음으로 이겨내는 것을 우리 모두는 보았다.
- 우린 나이를 먹어감에 따라 다양한 환경을 겪게 되면서 온전히 긍정적인 믿음, 긍정적인 흐름을 제대로 받아들일 수 없게 된다.
- 어린아이가 어른들보다 같은 시간에 더 쉽게 능력을 꽃피우고 가파르게 성장할 수 있는 것은 어린아이의 마음이야말로 아무런 고민 없는 긍정적인 마음 그 자체이기 때문이다.
- 경쟁 사회 안에서 버티느라 오히려 당신은 부정적 상황만 만드는 재주가 생겼다. 현실이라는 벽이 너무 커 아

무엇도 시도해 보지 못하고 있다. 변화는 당신 생각보다 아주 작은 것에서부터 실천해도 괜찮다.
- 큰 변화를 기대하면서 움직이면 경직될 뿐이다. 작은 변화가 오히려 빠르고 큰 물결을 만들어 낸다. 어린아이처럼 단순하게 아무 고민 없는 마음으로 첫 발걸음을 내딛자.
- 대부분의 사람들은 한두 개씩 안 좋은 가정사를 가지고 태어난다. 그렇기 때문에 나만 힘들다고 우울해하는 것은 어리석은 짓이다.
- 현재 태어난 환경이 안 좋다고 아쉬워하지 말자. 어렸을 때 당신에게 다가온 시련들은 남들보다 현재를 헤쳐 나갈 단단한 갑옷을 만들어 주었다. 이로써 미래는 훨씬 안정적일 것이다.
- 언젠간 좋은 일이 생길 거라는 믿음은 절대 허황된 믿음이 아니다. 모든 일들은 긍정적인 열매를 맺어 줄 수 있게 당신 앞에 생긴 것이다. 당신을 영원히 행복하게 만들어줄 거대한 행운은 지금 당신 앞에 다가올 준비를 한다.

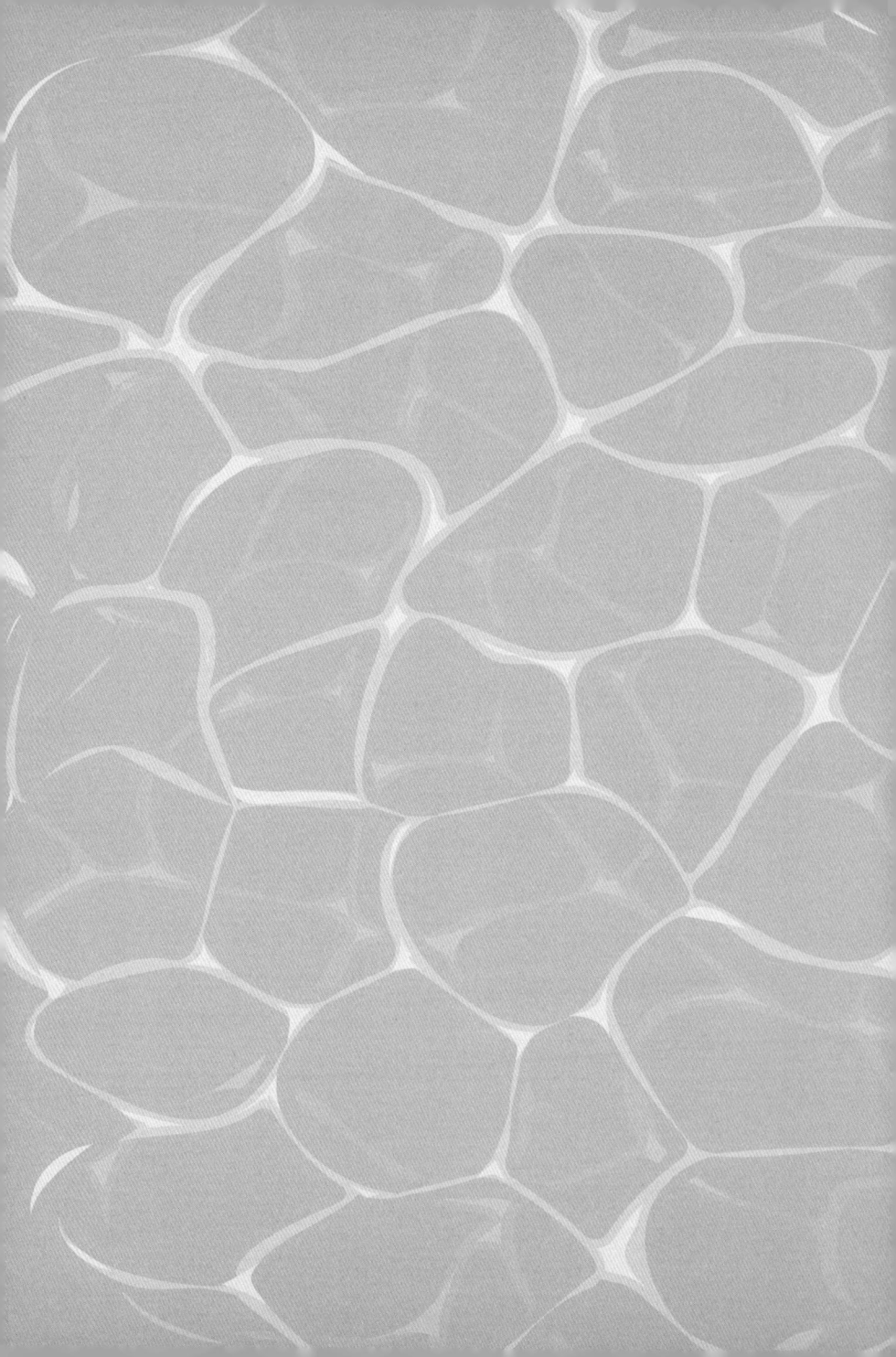

5장

당신을 갉아먹는 중독, 부정적 행동과의 이별

중독된 모든 것들을 한순간에 끊을 순 없을까?

아쉽게도 사람의 뇌는 아주 복잡하고 어려운 시스템과 같아서 원하는 일 원하지 않는 일 모두를 기억하고 불러온다. 금연을 하고 싶은 사람에게는 담배 생각을, 금주를 하고 싶은 사람에게는 술 생각이 나는 상황을 더욱더 가져온다. 그래서 대부분의 사람들은 참지 못하고 삶의 일부분처럼 붙어 있는 안 좋은 습관들을 평생을 유지하며 살아간다. 가벼운 습관으로는 손톱 뜯기, 입술 뜯기가 있을 것이고 이러한 부정적 습관을 방치하면서 이 습관들은 점점 안 좋은 형태로 성장한다. 거식증, 강박증 등 정신적인 문제로까지 표출돼 우리 일상생활에 지대한 스트레스를 주며 기생하게 된다. 우리의 뇌는 원하든 원하지 않든 생각했던 주제에 몰두하는데, 금연을 키워드로 삼고 집중을 하면 좋든 나쁘든 담배에 대한 모든 생각을 끌고 와 당신 뇌에 담는다. 당신은 금연을 하고 싶다 말하지만 실상은 담배 생각을 끌어당겨 담배를 피우고픈 모든 상황을 가져오게 되는 것이다. 이는 결국 금연 실패의 길로 가는 법을 아주 쉽고 빠르게 당신이 직접 만들어 주는 것이고, 결국 스트레스만 받은 채 금연은 실패로 돌아간다. '게임을 그만두고 싶다'라고 생각한다면 게임의 모든 것을 끌어당길 것이고, '다이어트'를 생각한다면 전 세계 맛있는 모든 음식들을 끌어당길 것이다. 곳곳에 이전에는 잊고 지냈던 하나하나의 맛있는 음식들이 당신의 생각과는 다르게 아주 많이 당신 앞에 나타날 것이다. 당신은 하지 말아야지 하는 생각을 시작한 이래, 더더욱 심한 스트레스를 받으며 결국 나쁜 결과만 받고 좌절하게 된다. 이 좌절은 결국 당신의 부정적 씨앗이 되어 당신 삶을 더욱 어둡게 만들 원인이 되어 갈 뿐이다.

이탈리아의 유명한 신경심리학자인 리촐라티(Rizzolatti)는 원숭이에게 다양한 동작을 시켜 보면서 뇌 신경계가 어떻게 활동하는지를 연구하고 있었다. 어느 날 리촐라티는 흥미로운 사실 하나를 발견하게 된다. 한 원숭이가 움직이지 않고 다른 원숭이들이 하는 행동들을 지켜보기만 했을 뿐인데도 자기가 움직인 것과 마찬가지로 뇌 신경계가 동일한 반응을 보였다는 것이다. 자기가 직접 하지 않았음에도 신경계는 직접 하는 것과 동일한 반응을 보인다는 것. 다시 말하자면 우리의 생각은 직접 행위를 하지 않더라도 의도적으로 자신의 뇌를 변화시킬 수 있는 대단한 능력을 보유하고 있다는 것이기 때문에 인간의 뇌를 연구하는 심리학자들에게는 엄청난 발견이 아닐 수 없었다.

작은 생각 하나가 당신에게 엄청난 영향을 준다

많은 운동선수들 역시 몸을 실제로 사용하지 않더라도 생각만으로도 신체에 변화가 생길 수 있다는 것을 안다. 우리 뇌는 실제로 한다고 믿고 동일하게 작용하기 때문이다. 쇠숟가락을 입 안에 가져가 이로 깨물어 본다고 생각해 보자. 쇠를 씹었다는 생각 때문에 잇몸부터 시작해서 기분 나쁜 저림을 느낄 것이다. 어떤 행동을 그저 생각만 했을 뿐인데도 실제로 일어난 것처럼 우리 뇌가 받아들이는 이 거울뉴런(mirror neuron)의 존재는 우리가 원하는 방향으로 뇌를 변화시킬 수 있다는 믿음을 주는 동시에 의도적인 의식을 통해 뇌를 원하는 방향으로 유도할 수 있다는 해석을 주기도 한다.

안 좋은 습관은 생각하면 생각할수록 당신 앞에 안 좋은 습관을 끌어당겨 어쩔 수 없는 상황을 당신 앞에 만들어 놓는다고 얘기하였다. 많은 사람들은 안 좋은 습관을 없애고 싶어 하지만 이를 없애려고 아이러니하게도 안 좋은 습관을 또다시 생각하며 이 습관을 고치려 한다. 우리의 뇌는 고귀하면서도 복잡한 신경 연결 구조를 가지고 있기 때문에 이 의미는 당신은 당신 뇌를 당신 입맛대로 컨트롤하기 어렵다는 것을 의미한다. 하지만 앞서 얘기한 거울뉴런(mirror neuron)처럼 뇌를 컨트롤하기 어렵지만 대신에 당신이 원하는 방향으로 뇌를 유도하여 속일 수는 있다. 작은 생각 하나에도 무수히 많은 생각들을 끌어오고 복잡해지는 뇌에게 오히려 이것들을 이해하고 접근한다면 이것만큼 간단히 뇌를 움직이는 방법은 없을 것이다.

먼저 현재의 행동을 의식하면서, 우리는 이것을 역이용할 것이다. 술과 담배를 끊고 싶은 당신은 머릿속에서 금연, 금주 등 술, 담배와 조금이라도 연결된 단어 모든 것의 연결을 끊어 보자. 뇌가 자연스럽게 가져오는 모든 연관 단어들의 생각을 멈추는 것이다. 뇌가 금연, 금주와 관련된 모든 상황, 상상을 끌어당기려 할 때 당신은 역으로 이 생각을 멈추는 것이다. 물론 멈추어 달라 해서 그리 쉽게 멈출 수 있는 것은 아닐 것이다. 당신은 이렇게 진행하면 된다. 금연, 금주와 관련된 단어들 대신 최대한 빠르게 아무런 관련이 없는 단어에 집중하기 시작하고 실제로 그 단어에 열정을 보여라. 금연, 금주를 시작하려 하는 당신은 지금부터 전 세계 좋은 호텔에 대해 검색하고, 룸서비스의 종류와 혜택, 나라별 좋은 호텔들의 조식, 런치, 디너를 찾아보아라. 룸서비스의 종류와 혜택을 알게 되었으면 그중 특별한 서비스를 해 주는 호텔을 찾아보고 왜 이런 서비스를 독자적으로 실행하게 되었는지 역사를 찾아보아라. 음식들은 왜 이런 식으로 구성되어 있는지를 알아보고 장기 숙박 시 음식 구성이 매일매일 잘 바뀌는지 혹시 구성이 비슷해 장기 숙박을 하게 될 때 음식이 물리지는 않을지 고민해 보고 상상해 보아라. 주변에 같이 갈 수 있는 휴양지 등을 검색해 보고 가족이나 애인과 같이 갔을 때의 스케줄을 미리 고민하고 잡아 보아라. 애인이 없다면 혹시나 운명처럼 호텔에서 만날 상대가 생길 거라 기대하며 혹은 휴양지에서 당신의 반쪽을 찾았다 가정하고 즐겁게 놀 수 있는 방법에 대해 논의해 보는 등 '생각 잇기'를 끊임없이 진행하라. 당신이 가이드와 휴양지에서 어떤 이야기들을 하면 좋을까 미리 대사를 고민해 보아도 좋고, 혹시나 유명한 사람을 우연하게 만났을 때 어떤 식으로 인사를 하면 좋을지 미리 준비해 봐도 좋다. 이런 식으로 내가 당신에게 제시한 예시안 속에는 쉬지 않고 계속적으로 생각을 이어간다. 나라별 좋은 호텔을 검색하고 끝나는 게 아닌 거기서 관련된 룸서비스 방향으로 진행 뿌리(木)를 만들고, 거기서 또 호텔 뷔페로, 음식 구성, 룸서비스의 이유, 주변 관광지, 애인… 쉼 없이 포도송이처럼 뇌가 다른 방향으로 생각을 못 하도록, 안 좋은 습관으로 또다시 뿌리를 옮기지 못하게끔 뇌를 속이는 것이다. 이러한 연습이 반복되면 당신은 앞으로도 원하지 않는 안 좋은 습관이 발현될 때마다 쉽게 안 좋은 부정적 습관들을 흘려보낼 수 있다.

이 방법을 쓸 때, 당신은 나에게 방법을 듣고 실행에 옮기는 것이기 때문에 무의식적으로 안 좋은 습관을 중심에 놓고 내 방법을 실천하기 시작할 것이다. 이것은 새로운 의식이 들어오기 전 뇌의 무의식적 방어 형태이다. 일종의 자기 보호 형태로서 처음 듣는 이 방법에 대한 완전한 믿음이 없어서 생기는 모습들이다. 완전한 믿음이 없기 때문에 마치 보험용으로 당신의 안 좋은 습관을 끌어다 놓고 시작하게 되는 것이다. 우린 이 보험용 자기 보호 형태부터 빼놓고 가벼운 마음으로 진행할 것이다. 당신의 안 좋은 습관에 대해 신경을 쓰지 말고 그저 가벼운 마음으로 시작한다 생각해 보자. 가볍고 멍한 마음이 곧 자기 보호 형태가 자연스레 풀어지는 방법이 되어 줄 것이다. 이제 다시 나아가 보자.

게임 중독에 오랫동안 빠져 있는 사람이 나에게 갑자기 찾아왔다. 20년 가까이 게임만을 하면서 인생의 많은 시기를 놓친 사람이었고, 게임을 너무 좋아하고 오랫동안 해서 마치 TV에서만 봐 왔던 그런 중독자와 매우 흡사했었다. 지금 세상이 어떻게 돌아가는지에 흥미도 없었고, 항상 집 안에서만 살며 의식주를 해결하는 그였다. 그의 부모가 자기네들 힘으로는 도저히 바뀌지가 않자 나를 찾아온 것이었다. 그들은 내가 가끔 봉사 활동을 하는 유기견 센터에서 마주치던 부부로, 항상 본인들의 이야기는 하지 않고 눈앞에 유기견에게 아무 말 없이 꿋꿋이 봉사하던 부부였다. 난 항상 그 부부를 보면서 '저들은 더 이상 힘들고 괴로운 일들이 없나 보구나' 하며 그 속을 볼 생각을 하지 못했다. 식사를 함께한 적은 없었지만, 서로에게 호감이었고, 말을 많이 해 보진 않았지만 오래 봐서 친근감은 있었다. 만날 사람은 어떻게 해서든 만난다고 했던가. 나에게 상담을 받았던 사람이 부부를 소개해 주어 나를 찾아온 일은, 세상이 정말 생각보다 좁구나를 느낌과 동시에 만날 사람은 어떻게 해도 만나게 된다는 내 믿음에 한 번 더 확신을 주는 일이었다. 그리고 이 경험 또한 내 성장의 원동력이 될 것이라는 것을 알았다. 그 부부를 통해 나에게 다가온 그 청년은 모든 중독자와 마찬가지로 혼자 힘으로는 벗어나기 어려운 상태였다. 삶을 사는 이유를 못 찾은 채 가상 현실에서만 자기를 찾고 싶어 했고, 나에게 역시 큰 기대를 하지 않는 모습이었다. 애초에 그 상황을 벗어나고 싶어 하지 않았다. 꼭 벗어나야 할 이유도 없었고, 자기 자신에겐 게임 속 세상이 현실이고 행복이었기 때문이었으리라.

그가 게임을 하고 있는 현재 상황을 의식하는 것에서부터 상담이 필요했다. 일상생활이 불가할 정도로 게임을 좋아하는 사람들에게는 한 가지 공통점이 있는데 무의식의 일종인 '내가 하는 게임은 끝나지 않는다.'이다. 시간이 지나면 아무리 인기 있었던 게임이라도 인기가 시들어 서비스 종료를 하고 새 매출을 올릴 게임을 출시하거나 해당 시기와 상통하면서 유행을 따라갈 수 있는 다른 게임의 제작을 진행한다. 게임을 하지 않는 사람들도 이름을 알고 있는 큰 규모의 게임들마저 시간이 지날수록 그 인기가 예전만 못하다. 예전 명성에 비해 그 날개를 잃고 하던 사람만 계속하게 되는 비메이저 게임이 되어 간다. 신규 유저의 유입이 적으니 매출은 줄고 결국 기존 유저들의 소비가 약해질 때 해당 게임은 서비스 종료를 고할 준비를 한다. 내가 하던 게임이 사라지면 그동안 게임 속에서 노력해 왔던 본인의 가치들은 아무도 인정해 주지 않고, 일상생활에 적용할 수도 없는 '무(舞)'로 돌아가는 것. 마치 식물인간으로 몇 년간 병실에 누워 있다 비로소 깨어난 환자처럼 게임을 했었던 그 당시의 시간들은 그저 한순간에 텅 비어 있고 나이만 더 먹은 현실의 당신만을 마주할 뿐이다. 현실과 연결되는 것이 아무것도 없다. 그저 그 당시 게임 속 추억만을 가끔씩 남들과 얘기하며 생각해 보는 게 다일 것이다. 게임에 빠져 있는 일반적인 사람들은 여기까지 의식하지 못하고 그저 바로 앞의 재미에만 빠져 깊이 게임 속 세상과 동화된다. 오래 동화될수록 그동안 해 온 게임 속 시간이 아까우니 더더욱 붙잡고 싶어진다. 게임은 점점 서비스 종료와 가까워지고 결국 당신은 처참한 현실을 마주할 용기가 없어서 예전 추억만 꺼내 보는 안타까운 인생을 살 것이다. 그 회상은 고스란히 현실에 대한 부정적 씨앗을 심게 되어 안 좋은 흐름으로만 당신의 인생을 빼앗아 갈 것이다. 나 역시 어렸을 적 특정 중독에 빠져 허송세월한 적이 있었다. 혼자 힘으로 이걸 의식하기까지는 꽤나 큰 노력과 시간이 들었고, 그래서 그에게 이 부분에 대해서는 내 경험과 함께 많은 것을 일찍이 알려 주고 싶었다. 나처럼 이걸 깨닫기 위해 많은 시간을 투자하길 원하지 않았다. 그의 인생을 위해서 그리고 주변 사람 모두가 일찍 행복해지길 바라는 내 믿음을 위해서도.

게임 속 세상도 현실 세상과 그 기준이 다르지 않다. 많은 새로운 사람들을 유입시키려면 더더욱 좋은 아이템들을 뿌리며 새로운 콘텐츠를 준비하고, 기존에 있던 사람들은 기존만큼이라도 유지하려면 꾸준한 활동으로 계속적으로 바뀌는 시스템에 적응해야 한다. 현실 속 세상 역시 세상 흐름을 따라가기 위해 쉼 없이 돈이나 시간을 투자하면서 살기 위해 매달리고 돈을 버는 사람들, 하루 벌고 살기 바쁠지라도 하루하루를 버티려는 사람들로 채워져 있다. 하지만 이 둘은 실체가 있는지 없는지에 따라 구분될 것이다. 게임 속 세상은 언젠가 끝이 난다. 가장 슬픈 것은 당신의 의지로 끝이 나는 게 아닌 남의 손에 끝이 정해진다는 것이다. 당신이 아무리 잘나가고 유명한 사람이었다고 해도 남의 손에 당신의 끝이 결정되는 걸 의식한다면 결코 그 게임에 모든 걸 투자하고 싶어지진 않을 것이다. 게임은 온전히 취미로서 현실 속 당신이 현실 세상에서 더 나아갈 수 있을 힘을 주기 위해, 그 안식처 역할을 할 정도로만 하면 되는 것이지, 당신 인생 대부분을 투자하라고 만들어진 데

이터 조각들이 아니다. 당신 본연의 임무를 다하기 위해 당신 옆에서 보조자로서의 역할을 다하면 되고, 당신은 그저 스트레스를 풀고 나서 게임 속 세상보다 더 복잡하고, 훨씬 도전적이고 재미있는 현실을 모험하면 된다. 재미있지 않다면 재미있을 거라며 믿고 꾸준히 나아가면 된다. 인생은 당신이 의식하기 시작한 순간부터 남들과는 다르게 훨씬 역동적이고 재밌어질 것이다.

부정적 행동을 떠올리는 모든 것을 의도적으로 피한다

당신이 특정 행위에 대한 중독에 빠져 있다면 중독을 상기시키는 특정 장소만 상상하더라도 안 좋은 습관을 끌어당기는 형태가 될 것이다. 당신이 의식하지 않으려 해도 이것은 생활 습관상 이미 당신의 뇌 속에 박혀 있다. 당신이 원하는 바를 생각하기 전에 뇌는 당신의 안 좋은 습관부터 행동으로 꺼내놓고 당신이 기존 습관대로 진행할 수 있도록 미리 준비해 놓는다. 항상 하던 습관처럼 진행하는 것이 무의식적으로 편하고 스트레스를 덜 받는 일이라는 것을 알기에 당신이 알아차리기 전에 이미 그 판을 깔아 놓는다. 이런 상황 속 당신이 할 수 있는 일은 중독을 떠올릴 만한 물품 혹은 방 구조를 바꿔 놓고 산책을 하거나, 다른 하고 싶었던 취미가 있었다면 그걸 검색하면서 그 취미의 연결 고리를 만들어 가며 안 좋은 습관을 그만 끌어당겨올 수 있다. 당신의 뇌가 이전의 안 좋은 습관으로 가기 전에 미리 그 연결 고리를 끊어놓는 것이다.

알코올 중독 같은 일상생활 속 중독들은 보통 생활 스트레스 같은 환경적 영향이 중독에 지대한 영향을 끼친다는 연구 기록이 있는 것을 보면 심리적 고통이나 불안에서 벗어날수록 중독에 대한 갈망은 옅어진다는 의미가 된다. 의식하기를 실천하여 당신이 살아가는 인생에 확고한 믿음이 자리 잡는다면 중독은 더 이상 당신에게 중독으로 스며들지 않을 것이며 삶의 치유를 얻을 수 있다고 본다. 미국의 정신의학자이자 정신분석학자 해리 스택 설리번(Harry Stack Sullivan)은 사람의 성격(personality)는 태어날 때부터 사람 안에서 정해져 있는 것이 아니라 환경과 사람과의 만남으로 형성된다고 믿었다. 이 중 불안적 요소(anxiety)는 두려움과 달리 아무런 초점을 갖고 있지 않고(두려움은 인간의 본성 중 하나로 자연스럽게 생성되는 것으로 보았다.) 다른 사람으로부터 유입되는 전염성으로 분류 짓는다. 따라서 불안은 전염되는 감정 상태로 어쩌면 우리를 갉아먹는 이 중독들은 환경과 사람과의 만남에 변화를 주어 쉽게 치료될 수 있다는 의미를 나타내는 것인지 모른다. 하지만 현재 사회 속에서는 단기간에 주변 환경과 사람과의 만남에 변화를 주기는 어렵다. 이러한 변화들은 서서히 진행될 것이며 그렇기 때문에 나도 모르게 예전의 안 좋은 습관, 중독이 다시 고개를 내밀더라도 죄책감을 가질 필요는 없다. 자신을 혼내지 말고 '그럴 수도 있지'라고 생각하며 자비롭게 받아들이고 천천히 다시 시작하면 된다. 본인을 혼내도 얻을 것이 없고 오히려 달래 주며 진행할 때 비로소 치유가 되고 자기 자신을 이해하게 될 것이다.

이제 그 청년은 본인을 중독시키는 것에서부터 벗어났다. 중독의 끝을 의식하기 시작하였고, 실체가 있는 현실에 힘을 내어 도전하게 되었다. 지금 당신을 중독시키고 있는 것은 무엇인가? 그리고 의식하기 시작한 지금, 당신 역시 이제 밝게 빛나는 미래를 실현시킬 수 있는 크고 긴 첫 발자국을 남기게 된 것이다. 우주의 모든 힘이 당신의 그 미래를 이뤄 주기 위해 끊임없이 좋은 상황만 끌어당겨 줄 것이다. 당신이 이전 어려움 속에도 계속 나아갈 수 있었던 이유는 지금보다 더 좋은 일이 생길 거라는 무의식적이지만 확고한 믿음이 있어서였다. 그 믿음이 그 에너지를 다 충족시키지 못하고 꺼져갈 때쯤 이 책을 만나 당신의 무의식에게 다시금 힘을 불어넣어 주는 상황이 우연의 일치는 아닐 것이라 믿는다. 당신의 마음 안에서 나를 끌어당겼을 것이다. 현재 상황을 나아지게 해 달라고 빌었을 것이다. 자기 전 생각했을 것이다. 힘든 일이 생길 때마다 수백 번 되뇌었을 것이다.

5장 요약

- 뇌는 원하는 일 원하지 않는 일 모두를 기억하고 불러온다. 컨트롤하려고 하지 말고 유도하게끔 노력해야 한다.
- 중독을 이길 수 있는 방법은 중독과 연관되어 있는 모든 키워드를 잊는 것에서부터 시작이다.
- 문제를 일으키는 키워드는 놓아두고 오히려 관계없는 키워드만 가져와 생각하면 거짓말처럼 원래의 문제를 잊고 생활하게 된다.
- '생각 잇기'는 안 좋은 습관으로 또다시 뿌리를 옮기지 못하게끔 뇌를 속이는 가장 효율적이고 빠른 방법이 되어준다.
- 취미는 온전히 취미로서 현실의 당신을 위한 안식처일 뿐이다. 스트레스를 주며 당신을 갉아먹고 있다면 이게 옳은 방향인지를 의식하고 행동해야 한다.
- 주변 환경은 이미 당신이 그 키워드를 생각하도록 짜여있다. 주변 환경을 바꾸는 것에서부터 안 좋은 습관을

끌어당길 연결 고리를 끊을 수 있다.
· 일반적인 중독들은 보통 생활 스트레스 같은 환경적 영향과 사람과의 만남을 통해 형성된다. 이는 심리적 고통에서 벗어날수록 중독에 대한 갈망은 옅어진다는 의미가 된다.
· 안 좋은 습관은 미래에서도 여전히 안 좋은 습관들로 남아 당신을 붙잡는다. 현재를 의식하고 미래의 부정적 싹이 될 일들을 미리 끊어내야 한다.
· 안 좋은 습관, 중독이 다시 고개를 내밀더라도 '그럴 수 있지'라는 여유로운 마음가짐과 함께 자비롭게 당신을 이해해 줄 때 비로소 치유가 완성될 것이다.

6장

없어지지 않는 문제는 모두 공통된 답을 가진다

자신을 부정할 때 무엇을 야기할까?

우리 부모님의 얘기를 짧게 해 보겠다. 건설 회사를 운영했던 아버지와 비서실에 근무하셨던 어머니, 그리고 부모님을 통해 어렸을 때부터 다양한 사람들을 보고 거치면서 성장한 내가 있었다. 나는 사주라든가 운세 같은 것을 믿지 않지만 어렸을 적 다양한 사람들을 만난 경험을 통해 상대를 만났을 때 나에게 어려움을 줄 상대일지, 도움을 줄 상대일지를 구분해 내는 능력이 남들보다 월등했다. 목소리나 말투, 행동 등을 포함하여 사람들마다 풍기는 고유의 분위기가 있는데 난 눈치껏 이걸 느끼며 상대를 대하곤 했다. 그래서 그런지 좋은 사람들을 주변에 두어 돈이 안 좋은 곳으로 새어나가지 않게 자연스레 끌어오는 법을 알았던 것 같다. 이렇게 어렸을 적부터 사람들을 대하는 방법과 만남에 대해 꼭 몇 가지씩 이유를 두어 관찰하고 공부했던 습관이 있던 나였지만, 정작 나 자신에 대해서는 무지했었다.

어렸을 적 IMF를 맞으며 나 자신의 무지에 대해 처음으로 돌아볼 수 있게 된다. 갑작스러운 IMF가 터지며 아버지는 건설 회사

운영을 중단하였으며 매일같이 술로 그 스트레스를 풀곤 하셨는데, 술을 드실 때마다 항상 TV 앞에 허공에 손가락을 흔들며 앞으로의 계획들을 나열하시곤 했다. 항상 거창하게 손가락으로 큰 계획을 그리곤 하셨지만 정작 그 계획은 실현되는 일이 없었다. 나는 매일같이 술을 드시던 아버지 옆에서 안주를 함께 먹으며 그 동작을 바라보았고, 훗날 이 동작이 강박의 일종이란 것을 알았다. 아버지는 스트레스를 풀 곳이 없었고, 가족을 먹여 살려야 한다는 마음이 큰 병이 되어 항상 무언가를 계획해 놓지 않으면 잠을 자지 못하는 상황이 되어 버리셨다. 같은 계획도 네다섯 번씩 허공에 그려 보시고 풀릴 때까지 고민을 하시다 풀리지 않으면 술의 힘을 더 빌려 알아내려고 하셨으며 풀려도 또 다음 날 새로운 계획을 가져와 고민하시던 아버지셨다. 그저 생각하는 그 행위를 통해 현실을 벗어나고 싶으셨을 뿐 아버지의 그 머릿속 계획들은 대부분 현실에 나오지 않았다. 설령 당신 입장에서 확실한 계획을 짰다 하더라도 어디 계획대로 흘러가는 게 우리 인생인가. 다른 사람이 계획을 망치든 아니면 애초에 구상한 계획이 잘못된 것이든 어쨌든 아버지의 이러한 습관은 아무 의미가 없었던, 아무 영양가가 없었던 행위였다. 내가 항상 옆에서 아버지의 습관을 보며 자라서가 원인이었을까, 나도 모르게 나 역시 비슷한 행동들을 어렸을 때부터 시작하게 되었다. 가스 밸브를 잠그고 왔나 헷갈려 두세 번 확인하거나 의자가 가지런히 놓여 있는지 확인해 보는 아주 의미 없는 습관(강박증)부터, 완벽히 끝낸 일들이 의심스러워 나도 모르게 두세 번씩 확인하고 또 확인하는, 심지어는 나도 제대로 끝낸 일이라고 인지를 하고 있음에도 몸은 이미 두세 번 더 확인하러 가는 일이 빈번했다. 이 습관에 스트레스를 받고 있음에도 고치기는 너무 힘들었다. 나의 아버지도 못 고쳤으니 누구에게 하소연할 수도 없는 노릇이었다. 나중엔 너무 심해져 걸을 때 발과 팔 모양, 눈 깜빡이는 횟수도 계산을 하게 될 정도가 되었고, 이때는 성적도 곤두박질치고 아무것에도 집중을 할 수가 없었다. 너무 힘들어 정신병원에서 약 처방이라도 받아 봐야 하나 고민했지만, 약의 도움을 받다 보면 나중엔 더 큰 부작용이 올 것이라 생각을 해 가지 않았던 것이 어쩌면 그때의 나의 유일하고도 훌륭한 선택이 되었을 줄은, 내 인생을 크게 바꾸게 될 선택지였음을 그때는 몰랐다.

    결국 이 불안한 강박증을 고치기 위해 1년간 모든 걸 내려놓고 집에서 요양하다시피 살던 어느 날, 왜 이런 사소한 걸로 아무것도 못하고 있는지에 대해 나 자신에게 화가 났다. 아무것도 못하고 있을 바에야 인간의 뇌를 탐구해 보자 싶어서 뇌에 관한 연구 자료, 심리에 관련된 책을 닥치는 대로 찾아보고 읽기 시작했다. 자고 일어나면 찾아보고 밥 먹고 찾아보고 자기 전에도 찾아보고 눕는 삶의 반복이었다. 하루에도 몇 번씩 뇌와 관련된 그리고 사람 심리에 관련된 책을 읽으며 생활하게 되었다. 꿈에서도 생각하며 잘 정도로 강박증 치료에 모든 걸 쏟아부었다. 나는 절박했다. 하루 눈 깜빡임 수, 걸을 때 팔과 다리의 각도, 이 모든 걸 하나하나씩 확인하며 살았던 나였다. 직접 겪어 보지 않으면 얼마나 고통스러웠는지 당신은 상상하기 힘들 것이다. 하루의 모든 것이 내 강박증에 사로잡혀 있어서 아무것도 할 수가 없었다. 그렇기에 더욱더 절박했다. 살고 싶었다. 이대로 무너지기 싫었다. 주변 환경도 모두 바꾸고 아침 일찍 산책도 해 보면서 새로운 방식의 삶을 살려고 노력하였다. 하지만 나아지는 것이 없었다. 눈 깜빡이는 횟수, 심장박동 수 체크, 웃는 표정을 어떻게 자연스럽게 지었었나 등등…. 그렇게 강박증으로 정신이 거의 피폐해지고 있을 때 정말 자살을 해야 속이 편해질까 생각도 하던 즈음 나에게는 한줄기 빛이 찾아왔다. 절박함이 얻어낸 힘이었을까. 강박증을 없앨 힘은 생각지도 못하게 아주 자연스럽게 내게 찾아왔다. 난 모든 심신이 지쳐서 '될 대로 되라지'라는 마음으로 모든 걸 내려놓았고 그때가 되어서야 비로소 해답이 나왔다. 아주 간단한 곳에 있었다. 우연히 내 머릿속에서 잠깐 동안 스쳐 지나간 단어 하나, '자신감'이라는 단어였다.

이 어둡고 차가운 내 정신적 압박감에서 해방시켜 줄 유일한 단어. 그동안 '강박증'이라는 녀석은 내게 부정적 씨앗을 심을 사고만을 보여 주었고, 나는 계속 이 녀석이 지시한 대로 따르며 나 자신(自信)을 잃게만 하는, 하라는 대로 따라만 주는 노예가 되어 있었었다. 내 자아를 누구에게 맡겨 놓고 행동한 것처럼 난 강박증에게 내 몸을 내주고 살고 있었던 것이다. 한동안 내 육체의 주인은 강박증이었고 녀석이 흥미를 돋을 만한 먹이만을 주며 살았었다. 강박증 같은 정상적인 정신적 사고를 흐리는 녀석들은 절대 '자신감'과 공존하지 않았다. 항상 자신감이 없을 때 이 녀석들은 튀어나왔다. 내가 우울할 때만 그것은 강해졌다. 내가 자신감이 부족했던 바로 그때 녀석들은 내 손을 잡고 점점 어둠 속으로 끌고 갔다. 보아라. 원래부터 자연스럽게 하던 행동들이었는데, 강박증이 생긴 후로 모든 행동에 힘을 주고, 신경을 쓰고 살아가게 되었다. 원래부터 자연스럽게 항상 하던 대로, 내가 신경 쓰지 않아도 알아서 해오던 행위들이었지만, 어째선지 '강박증', '우울증' 등 불안감을 야기하는 정신병들이 심각해질 때마다 무의식적으로 자연스럽게 하던 행위들을 이제는 사소한 거라도 신경을 쓰며 의식해서 행동했다. 모든 문제는 자신감 결여가 심은 부정적 열매들인 것이었다.

모든 문제들은 확실한 자신감 앞에 작아진다

　주변에 울상으로만 지내는 사람이 있을 것이다. 대부분의 사람들이 그렇다. 눈앞의 일들만 보며 삶을 살아가는 사람들이 대부분이기 때문에 그들은 본인 주변 사람들의 마음도 타락시켜 본인의 우울함을 공유한다. '난 분명 안 될 거야', '안 좋은 결과가 나오겠지', '봐봐 내 말이 맞지. 정말 스트레스 받는다' 이런 부정적 씨앗을 심는 발언을 자주 하는 사람들은 신기하게도 본인이 말한 대로 안 좋은 결과만 찾아온다. 유독 남들보다 더욱더 안 좋은 상황이 그것도 아주 자주 생기거나 안 좋은 결과를 본인들이 찾아 가져온다. 그러고는 본인의 인생을 다시 한탄하고 또 안 좋은 결과를 가져온다. 지속적인 안 좋은 굴레 속에서 그들의 삶은 메말라가고, 빠듯해진다. 주변 사람과의 관계도 자연스럽게 멀어지고, 가정은 깨질 것이며 우울함에 미쳐 남은 삶을 보낸다. 매번 부정적인 시각 속에서 부정이 가득한 것들만 끌어당기기 때문에 자연스럽게 같이 연결되어 있는 부정적 씨앗을 심을 사건들만 생긴다. 이런 유형의 사람들은 주변에게까지 부정적 씨앗을 퍼트려 주변 사람 모두를 서서히 안 좋은 결과에 빠지게 만든다. 혹여 '의식하기'를 통해 새 삶을 살고 있는 당신에게까지 이 영향을 주어 당신을 안 좋은 사건·사고에 휘말리게 할 수도 있다. 예부터 돈이 없어도 부잣집과 어울려 다니면 돈을 벌 기회가 생기고, 공부를 잘하지 못해도 공부 잘하는 친구와 놀다 보면 반은 따라간다는 주변 어른들 이야기가 그냥 생긴 말이 아닌 것을 깨달을 것이다. 누군가를 통하든 당신이 직접 찾아가든 어디서 어떤 흐름을 타서 어떤 선택을 하냐에 따라 인생길이 바뀐다는 말을 우리에게 전해 주는 것이라고 난 그렇게 믿는다.

정신적 스트레스의 해방과 함께 긍정적인 결과를 끌어당길 수 있는 가장 첫 번째 방법은 자신감에서 시작한다. 그리고 내 몸 안에 숨어 있는 자신감을 끄집어내기 전, 우리는 자신감이 내 안에서 제대로 뿌리를 내려 살 수 있도록 좋은 터를 준비해 두어야 한다. 가장 간단한 방법은 '무(舞)'다. 아무것도 생각하지 않는 것. 모든 사고 회로를 정지시켜 강박증이나 기타 다른 부정적 사고들이 들어올 수 없게 하는 것. 거기가 곧 시작이다. 하지만 내가 얘기했듯 사람의 뇌는 850만 개로 이루어진 아주 복잡하고 어려운 신경 회로와 같아서 원하는 일 원하지 않는 일 모두를 기억하고 불러온다. 금주, 금연을 하고 싶어도 우리의 뇌는 더욱더 술과 담배와 관련된 생각을 끌어들이는 것처럼 우리는 제대로 좋은 터를 잡을 수 있게 훈련을 하지 않으면 앞으로 더 나아가기 힘들다. 당신은 그동안 살면서 아주 많은 유행어들을 거쳐 왔다. 사실 이 단어 하나하나가 가지고 있는 힘은 매우 강력한데, 살면서 유행하는 단어가 생기면 어느 순간 우리는 그 단어에 맞추어 살아가게 된다. 뉴스나 신문, 영상으로 계속 그 단어에 대한 얘기들을 듣다 보면 어느새 해당 단어가 가진 흐름에 노출이 되어 자연스럽게 그 단어와 관련된 인생을 살게 된다. 과소비가 유행했던 '욜로, 플렉스' 시대를 지나 현재는 아껴서 조기 은퇴를 꿈꾸는 '파이어족'의 시대를 살고 있다. 일과 삶의 멈춤이 필요할 땐 '워라밸'이라는 단어가 떠오르기도 한다. 시대를 관통하는 기준이 되는 단어가 생길 때마다 본인 소신대로 살던 사람들도 어느새 유행하는 단어에 맞춰 인생을 살고 있다. 단어가 주는 힘은 굉장해서 아무리 주변 모두가 비슷한 사고를 가지고 행동한다 해도 그 특정한 사고를 정의하는 단어가 없다면 금방 힘을 받지 못하고 어딘가에서 조용히 소실될 것이다. 야근을 당연시 여기던 사회 문화가 자리 잡던 대한민국이었는데 어느새 '워라밸'이라는 단어가 만들어짐으로써 대부분의 사람들이 일보다 본인의 행복을 조금 더 우선시하게 되었다. 회사도 보다 신중히 야근 문화에 대해 신경을 쓰게 되었고, 이 단어의 힘으로 젊은 친구들은 회사 눈치를 보지 않고 본인의 의사 표현을 제대로 하며 자유롭게 회사 생활을 할 수 있게 되었다. '꼰대'라는 단어가 생기고 나서는 회사 상사든 나이 든 사람들이 밑에 사람에게 말을 걸 때 한 번 더 조심하게 하게 되는 신기한 사회 현상이 생겼다. '주식 열풍, 영

끝'이라는 단어가 생길 때 우리는 남들과 뒤처지지 않게 똑같이 주식을 하고, 빚을 내어 아파트를 사고, 전부 투자에 미쳐 가만히 있는 사람들이 바보가 되었던 그런 세상도 겪어 보았다. 이렇게 우리는 단어가 가진 힘을 무의식적으로 의식하며 살고 있다. 단어가 가진 힘을 느낌과 동시에 우리는 두려워해야 할 것이다. 우리는 아까 '자신감'이 내 안에서 제대로 뿌리를 내려 살 수 있도록 좋은 터를 준비해 두어야 한다고 얘기하였다. 이제 우리는 좋은 터를 잡고 모든 사고 회로를 정지시켜 부정적 사고들이 들어올 수 없게 할 수 있는 이 '단어'의 힘을 사용할 것이다. 단어의 힘을 통해 부정적 사고들을 지워 버리고 단어의 힘을 통해 당신을 성장시킬 것이다. 그럼 아무것도 생각하지 않는 것 '무(舞)'는 무엇일까. 무(舞)를 당신 안에서 실현시킬 단어 해석은

* 멍하니(멍함)
* 가벼운(가벼움)
* 믿어, 나를(나를 믿음)

이다.

3가지 글귀로 당신의 인생 방향을 바꾼다

'멍하니… 가벼운… 믿어, 나를.' 이 3가지 글귀로 당신은 당신 마음의 긍정적 씨앗을 품고 최면을 걸 수 있다. 하나만 외워서는 당신의 예전 부정적 씨앗이 언제 다시 찾아올지 모른다. 단어로만 외우는 것 역시 첫 시작에는 서로 조화가 되지 않아 크게 다가오지 않을 수 있기 때문에 흡수가 더딜 수 있다. 이에 나는 3단어를 이어줄 수 있게 3가지 글귀로 기억하는 것을 추천한다. '멍하니/가벼운/믿어, 나를' 다른 부정적 영향이 다가올 싹을 잘라 버릴 수 있게 정신적인 부분을 컨트롤하기 위해선 한 가지 단어로는 부족하다. 때문에 여러 가지 힘이 있는 단어를 몇 년간 고른 끝에 나온 글귀들이다. 정신적 부정적 씨앗들을 심는 녀석들이 내 안에서 나타나려 할 때 "*멍하니 *가벼운 *믿어, 나를.'을 머릿속에서 집중적으로 반복해라. 그리고 반복할 때 가장 중요한 점이 있다. 모든 걱정을 내려놓았던 듯이 크게 호흡을 내쉬며 웃는 표정을 짓는 것. '별거 아니야, 내가 더 강해'라는 기분과 동시에 웃는 표정을 시작할 준비를 하면서 '믿어, 나를' 부분에서 밝게 표정을 지어 주면 된다. 웃고 싶지 않아도 웃는 표정을 지으면 그 순간 긍정적 흐름을 몰고

온다. 행복해서 웃는 것이 아니다. 웃다 보면 행복이 따라온다, 행복이 다가온다. 신기하게도 행복할 수밖에 없는 상황만 펼쳐진다. 당신의 숨어 있는 자신감과 함께 말이다. 단어 해석 중 신기한 부분은 '믿어, 나를' 부분만 제외하고, 다른 글귀는 맺음말로 끝나지 않고 여지를 남겨두고 끝나는 형태인 것이다. '멍하니… 가벼운…'에서는 말 그대로 글귀를 읽으며 큰 호흡을 들이쉬고 내쉬어라. 맺음말로 끝내지 않고 여지를 남겨둔 이유는 우리의 뇌가 무의식적으로 '왜 여지를 남겼을까, 이다음 나올 해석은 뭘까' 하고 자연스럽게 뒤를 생각하며 해당 글귀들에 집중을 하게 해 주기 때문이다. 상황에 따라 여지를 남겨 두었던 그 부분의 해석이 달리 느껴질 것이고, 차분함을 느낀 후의 '믿어, 나를'이라는 끝맺음으로 당신은 표정에서부터 웃는 표정을 나타내어라. 그리고 뒤늦게 몰려올 기존의 부정적 마음에 두려워하지 말고 그대로 직진하여라. 멈추지 말라. '알아서 잘 바뀔 거야', '이전으로 돌아가지 말자', '의심하지 마, 고민하지 마, 신경 쓰지 마, 걱정하지 마'를 머릿속에 계속 반복해라. 거짓말처럼 안 좋았던 강박증, 우울증 등의 정신적 불안감에서 일시적으로 해방됨을 느낄 것이다. 아직 완전한 해방감을 느끼기에는 그동안 당신은 너무 깊게 부정적 열매들과 공존하였기 때문에 무의식적으로 부정적 씨앗을 심을 행동들을 '*멍하니 *가벼운 *믿어, 나를'을 기준으로 틈틈이 되뇌며 없애 주어야 된다. 그러고 나서는 당신이 알아서 잘할 수 있다는 믿음만을 가지고 활기찬 기분과 함께 다음을 준비하면 된다.

중간중간 부정적 마음이 싹트더라도 '알아서 (좋은 쪽으로) 돌아올 텐데 뭘'이라는 쿨한 마음가짐으로 부정적 씨앗이 싹트지 않게 애초에 길을 끊어 버린다. 싹트려 할 때 관심을 주어 나도 모르게 영양분을 뿌려 주는 행위를 하지 않는다. 쿨하게 넘김으로써 그곳에 내 마음이 붙어 있지 않게 한다. 잠깐이라도 생각의 여지를 남겨 둔다면 나비 효과가 되어 부정적 흐름에 사로잡힐 것이다. 우린 뇌를 하나부터 열까지 조종할 수 있는 것이 아니기 때문에, 애초에 그쪽으로 갈 수 있는 길 자체를 끊어 버리고, 아무것도 아닌 쿨한 마음을 통해 그쪽으로 향할 먹이를 주지 말라. 그렇게 하면 당신이 믿는 대로, 사고한 대로 인생은 흘러갈 것이다. 믿음의 힘은 너무도 강력하고 빠르기 때문에 설명할 수 없는 우주적 존재가 마치 당신에게 길을 열어 주는 것 같다는 착각이 들 정도로 원하는 방향으로 인생이 흘러가게 된다. 나는 신을 믿지 않는 사람이지만 간혹 삶을 살다 보면 부정적으로 본인을 대하는 사람들은 계속해서 안 좋은 상황을, 항상 잘될 거라 다짐하며 얼굴에 웃음꽃을 피우는 사람에겐 어째선지 좋은 사람과 좋은 일들이 자주 찾아오는 경우를 많이 보았다. 옛날부터 전해져 오는 '웃어야 복이 찾아온다'라는 말은 어떻게 보면 긍정적인 마음으로 살아야 그에 걸맞은 상황이 찾아오더라는 조상들의 경험에서 우러나오는 지혜일 수 있다는 것이다.

하지만 아쉽게도 많은 사람들은 사느라 바쁘다는 핑계로 얼굴은 항상 찡그리며 언제든 사건·사고가 생기기를 바라는 몸짓으로 살아간다. 그리고 언제나 사건·사고가 생기거나 하면 '내 그럴 줄 알았지, 봐 봐, 또 짜증나는 일뿐이잖아'라고 하며 자신의 생각이 맞았다는 것을 증명하려 한다. 우리는 우리 믿음대로 삶이 변화할 수 있다는 사실을 알지 못한다. 믿음만 있으면 삶이 어떻게 변할 수 있느냐며 콧방귀 뀌는 사람들이 대부분일 것이다. 하지만 실제로 당신 자신을 믿는 힘만으로 부와 명예를 가져간 사람들은 무수히 많고, 또 지금도 무수히 생겨나고 있다.

6장 요약

- 대부분의 정신적 문제는 자신감이 결여된 본인에게서 나타나는 경우가 대부분이다.
- 세상에서 단어가 주는 힘은 굉장하다. 특정 단어를 목표를 삼고 설정해 놓으면 본인의 행동을 자연스럽게 유도할 수 있다.
- 야근을 당연시 여기던 대한민국이 '워라밸'을 겪고 나서 일보다 행복을 중요시하게 된다. '주식 열풍, 영끌'이라는 단어가 생길 때 대부분의 사람들은 투자를 하지 않으면 죽을 것처럼 너도나도 빚을 내어 투자를 하기 시작한다.
- 단어가 가지고 있는 힘을 이용하여 부정적 사고를 지워 버리고 단어의 힘을 통해 당신이 자신감과 더불어 긍정적인 씨앗만 품을 수 있도록 한다.
- 자신감이 결여된 당신에게 필요한 글귀는 '멍하니, 가벼운, 믿어, 나를'이다. 부정적 싹을 잘라 버리고 긍정에만 집중할 수 있도록 도움을 준다.

- 단어 해석 중 '믿어, 나를' 부분은 맺음말로 끝나지 않고 여지를 남겨 두고 끝나는 형태다. 맺음말로 끝내지 않고 여지를 남겨 둔 이유는 우리의 뇌가 무의식적으로 다음 내용을 생각하게 하여 해당 글귀들에게 계속적으로 집중하게 하기 위함이다.
- 웃고 싶지 않아도 웃는 표정을 지어 보아라. 그 순간 긍정적 흐름을 가져와 줄 것이다. 웃음이 행복을 만든다.
- 예전 조상들이 '웃어야 복이 찾아온다'라는 말은 긍정적인 마음으로 살면 그에 맞는 상황이 찾아오더라는 경험에서 생긴 지혜일 수 있다.
- 확고한 자신감 속 당신은 자신도 모르는 누군가가 길을 열어주는 것 같은 착각이 들 정도로 원하는 인생 방향으로 나아가게 된다.

7장

생각이 바뀌면 시야가, 시야가 바뀌면 인생이 바뀐다

하고 싶은 것만 하며 살 수는 없을까?

　나는 지금 간판 하나를 바라보고 있다. 내게는 빨간색 배경의 간판으로 보이지만 과연 파리와 같은 곤충의 눈으로 볼 때도 같게 보일까? 간판은 당신과 내게는 똑같게 보일 테지만 곤충의 눈으로 보거나 색약인 고양이나 개의 눈으로 볼 때도 같은 이미지로 보일까? 눈보다는 후각, 촉각에 의지하는 동물들에게는 어떤 모습으로 기억될까? 그리고 같은 사람이라도 멀리 위에서 간판을 바라보고 그것을 인지하는 사람과 바로 밑에서 바라보며 그것을 인지하는 사람과도 서로 인식하는 간판 모습이 다를 것이다. 어느 위치에서 주의를 기울이느냐에 따라 서로 다른 모양을 보게 되고 동시에 두 가지 모양을 볼 수 없다. 우리가 현실이라고 생각하는 것은 사실 우리의 눈에만 그렇게 보일뿐 우리가 생각했던 것과는 다른 모습임을 깨닫게 된다. 양자물리학적으로 접근하자면 이것들은 모두 당신이 거기에 있음을 인식하고 있기 때문에 존재하는 것이지 그것들은 공간의 파동이 이루어져 생긴 형태일 뿐이다. 이는 모든 인식하고 있는 물체들의 드러남은 마음으로부터 온다는 것을 의미하기도 하는 것이다. 미국의 세계적인 철학자이자 대체의학의 선두

주자로 알려진 디팩 초프라(Deepak Chopra)는 물질은 분자로 이루어져 있고, 분자는 원자, 원자는 입자로 이루어져 있으며 여기서 입자는 더 작은 입자로 이루어지니 결국 우리가 보는 모든 것은 개념적 공간의 확률적 파동일 뿐이고 인간의 감각 기관으로 보는 것만을 진실이라 추정할 수 없다고 얘기한다. 이것은 바로 당신이 인식하는 대로 세상을 바꿀 수 있음을 알려주고, 내가 원하는 세상만을 다가오게 할 수 있음을 의미한다.

우리가 살고 있는 세상은 무의식적으로 이미 생존에 도움이 되거나 보고 싶은 것들만 보며 살아가게끔 프로그램 되어 있다. 당신은 느끼지 못했겠지만 무의식적으로 당신도 이미 그렇게 행동하며 살아왔을 것이다. 보고 싶은 것만 보면서 살고 있는 것은 무주의 맹시(inattentional blindness)에 대한 실험에서도 알 수 있다. 공놀이에 집중한 사람들 사이로 고릴라 복장을 한 사람이 손을 흔들며 공을 주고받는 사람들 사이로 지나갔지만 아무도 고릴라가 있었다는 것을 의식하지 못한다. 사람들이 고릴라를 보지 못하는 것은 공을 집중적으로 주고받는 횟수를 셀 때 투입되었기 때문이다. 이후 심리 전문가들이 따로 모여 이 실험을 진행해 보았지만 1,500명 모두가 고릴라를 보지 못한다. 미국 하버드 대학의 심리학자 대니얼 사이먼스와 크리스토퍼 챠브리스(Simons & Chabris, 1999)가 진행한 이 '보이지 않는 고릴라(invisible gorilla)' 실험은 전 세계에 신선한 충격을 선사하였고 우리가 보는 세상은 실제로 존재하는 물리적 세상과 다를 수 있으며 우리가 보려고 하는 대로 보인다는 것을 알게 해 주었다. 이러한 현상은 나이가 많거나 목표가 뚜렷한 사람에게 더욱 잘 나타난다고 한다. 정확한 목표를 가지고 행동하는 사람은 확실히 남들보다 월등히 빠른 속도로 목표치에 근접하는 모습을 보이는 경우를 많이 보았다. 그리고 집중력과 확고한 목표를 가지고 있는 사람에겐 마치 주변 세상이 그를 도와주는 것처럼 목표를 이룰 수 있는 환경들이 자연스럽게 다가와 그를 도와주는 것 같은 착시를 일으키기도 한다.

끌어당김의 법칙을 통해 긍정적 씨앗을 심는다

'시크릿'의 저자 론다 번은 원하는 대로 주변 상황이 바뀌고 다가오는 것을 끌어당김의 법칙이라고 얘기한다. 생각한 대로 주변 상황을 이대로 끌어당긴다는 것이다. 실제로 직접 이 끌어당김을 겪어본 나로서는 론다 번의 책을 읽으며 나와 같이 생각하는 사람이 있었음에 감동했다. 많은 정신적 문제로 청소년기부터 스트레스를 받아 왔던 나로서는 자신감을 얻고 새 삶을 느끼는 도중 나와 같은 생각을 하는 사람이 있을까 하는 궁금증이 있었다. 기회가 된다면 그런 사람을 꼭 한 번 만나 이야기를 나누고 싶었다. 내가 그 당시 그런 생각으로 어쩌면 그런 사람을 끌어당겼던 것일까, 몇 년 뒤에 정말 나와 똑같은 생각을 하였던 론다 번의 책을 마주하게 된 것이다! 이미 내 믿음의 힘을 너무 잘 알고 있었던 나는 그 책을 마주하고는 사실 크게 놀라지 않았다. 나에게 이런 상황이 올 것이라는 걸 내심 예상을 하고 있었기 때문이다. 언제가 될 줄은 몰랐으나 나에게 그런 상황이 오기를 기다리고 기대하며 있었기 때문에 론다 번의 본인 삶의 이야기가 담긴 책을 보았을 때 내 믿음은 한층 더 견고해졌고, 나의 긍정의 힘 역시 뿌리를 더 깊게 내릴 수 있었다. 긍정적으로 사는 사람이 긍정적인 결과를 불러오는 것은 결코 우연의 일치가 아니다. 항상 웃으며 무슨 일이든 잘 되게끔 긍정적인 힘을 불어넣어 주는 사람들은, 어쩌면 웃는 얼굴로 상대방을 대할 때 본인에게 돌아오는 가치가 더 크다는 것을 무의식적으로 인지하고 있을지도 모른다. 긍정적인 힘이 가져오는 무한한 것들을 무의식적으로 느끼고 있었을지도 모른다. 그렇기 때문에 한번 긍정을 겪었던 사람들은 계속적인 긍정의 힘을 얻기 위해 노력하려고 한다. 난 여기에 덧붙여 당신이 비록 긍정의 힘을 겪어 보지 않아 실행하기 어려운 상황이라도, 절대 부정적 씨앗을 끌어오려 해서는 안 된다는 것을 알려 주고 싶다. 하루아침에 긍정적인 사람이 되는 것이 어려울 수 있지만 반대인 안 좋은 상황으로 절대 넘어가려 하지 말자. 긍정의 힘을 실천하지 않는다 해도 결국 제로에 수렴하는 것이지 마이너스가 되진 않는다. 긍정적인 삶을 영위하려 노력해도 안 되었던 부분에 대해 자책하거나 포기하지 말라는 말이다. 자책이나 포기 같은 부정적 씨앗을 내포하고 있는 단어들은 놔두고 그저 제로에 수렴하여 조금 조금씩 나아가 보자. 몇십 년간 의식하지 않고 살아온 당신이기에 처음 시작은 서투른 것이 당연하다. 긍정적으로 살려고 해도 예전의 습관이 그대로 나와서 당신을 부정적인 방향으로 끌어당길 수도 있다. 하지만 이것은 과거의 당신이 만든 부정적 씨앗에 대한 열매가 현재의 당신에게 보이는 것이고, 당신은 이것을 당연하게 여길 필요가 있다. 당연하게 여기고 아무런 부정적 사고를 하지 않은 채 그 결과물들을 그대로 흘려보내라. 그와 동시에 현재의 긍정적인 삶을 얻기 위해 의식하고 있는 당신 자신을 칭찬해 주고 긍정적 힘을 믿으며 나아가기만 해라. 부정적 씨앗이 있다면 이번엔 긍정적 씨앗을 깊숙이 뿌려 놓는 것이다. 결국은 이 긍정적 씨앗이 당신의 인생에 열매를 맺어줄 것이다. 조금씩 실천하다 보면 어느 순간 온몸의 세포 하나하나가 긍정의 힘을 의식하고 살게 될 것이고 이것이 바로 '나비 효과'의 순작용이 되어 줄 것이다. 난 확고한 믿음만 있으면 믿음대로 삶이 진행될 수 있도록 도와주는 우주적 존재가 있다고 믿는다. 그렇지 않고서야 믿음 속에서 생긴 일들이 일사천리로 진행되는 기이한 현상을 설명할 수 있는 어떠한 방법도 없다. 당신을 도와줄 우주적 존재는 의식하기 시작한 순간부터 당신만을 바라보고 있으며 당신이 늦게 시작하든, 빠르게 시작하든 아무런 관심을 두지 않는다. 그저 영원히 계속 당신을 기다려 줄 것이다. 그리고 조금이라도 당신이 필요하다고 신호를 보낼 때 아낌없이 그 힘을 보내줄 것이다. 당신이 의식하기 시작한 지금 이 순간부터.

효율을 위해 프로그래밍되어 있는 내부 장치들을 조절한다

　우리는 사실 태어나면서부터 이미 사회 속에 일부가 되게끔 프로그래밍되어 있다. 사회의 질서를 혼란시키지 않게 만들어 놓은, 조상 대대로 내려져 온 우리의 유전 형질에 남아 있는 이 기록들은 우리가 아무런 배움 없이 성장하더라도, 일정 나이가 되면 어느 정도 살아갈 수 있는 능력을 부여해 주며, 살아가면서 최소한의 사람 형태를 갖추게 해 준다. 동물들도 태어나면서부터 아무런 배움 없이 걷는 법, 달리는 법, 상대가 나보다 위인지 아래인지 파악하는 능력을 갖추고, 곤충조차 경험이 없더라도 이미 어떻게 살아갈지를 자연스럽게 습득한다. 태어나면서부터 혼자 자립하여 선대가 한 것처럼 거미줄을 똑같이 뿜으며 완벽한 거미줄 형태와 함께 사냥을 시작하는 거미, 짝짓기가 끝나면 무조건 수컷을 잡아 영양을 보충하는 사마귀, 날개의 모양을 이용해 자기를 사냥하는 상대에 대한 보호색을 띠는 나비 등 알려 주지 않아도 각각의 능력을 알고 그 능력을 사용하며 생태계를 살아가는 그들은, 유전 형질을 남기는 증거로서 가장 쉬운 이해법이 될 것이다.

80년대 뇌염(헤르페스 바이러스)으로 뇌가 부은 환자가 누워 있다. 뇌가 부으면서 신경학적 구조의 일부분이 손상된 그는 갑자기 일상생활의 기본적인 사회 질서에 대한 것들을 구분하지 못하기 시작한다. 새와 물고기를, 개와 고양이를 구분하지 못하고, 사람과 사람끼리의 관계 같은 위계질서를 이해하지 못하게 된다. 하지만 책상, 의자 같은 무생물의 차이는 또 구분을 할 수 있다. 기본적인 사회 질서에 대한 것들만 구분하지 못함에 신기함을 느낀 생물학 박사 캐럴 계숙 윤(Carol Kaesuk Yoon)은 어쩌면 위계질서, 사회가 돌아갈 수 있게 만드는 이러한 사회의 기본적인 질서들은 우리 내부에 장착된 일종의 장치 같은 것이 아닐까 생각하며 결론을 짓는다. 이러한 장치가 우리 내부에 장착되어 있다면 과연 현대 사회에서 이것이 꼭 필요한 장치일까? 난 그렇지 않다고 생각한다. 기본적인 사회 질서 없이 계속적인 모험만 중시하는 사람이라면 그 사람의 뇌는 계속적인 쓰임으로 결국 과부하에 걸릴 것이다. 스트레스로 정신병이 올 것이다. 우리의 뇌 역시 효율적인 쓰임을 위해 그런 장치들을 심어 놓았으리라. 우리의 일정한 행동이 습관이 되면 나중엔 같은 행동을 하더라도 힘을 덜 쓰고 신경을 덜 쓰게 되는 것처럼, 신경을 덜 쓰고 쉽게 앞으로 나아갈 수 있는 장치들을 마련해 둔 것이다. 하지만 효율을 위해 만든 장치들이 세대와 세대를 건너 사람들에게 확고한 목표와 꿈을 주지 않는 부품으로 취급되는 인생을 살게 할 줄은 몰랐을 것이다. 이렇게 비약적인 발전을 이루고 손바닥 안에서 모든 일을 가능케 한 세상이 올지 이전에 누가 예상이나 할 수 있었을까. 효율을 넘어 이제는 정보가 넘치는 세상이라 우리 유전 형질에 남아 있던 기본적 사회 질서들이 우리를 앞으로 나아가지 못하는, 한 단계 도약하지 못하는 장치가 되어 버린 것이다. 사람들은 쳇바퀴 구르듯 똑같은 일생을 살고, 똑같은 노후를 바라보며 눈앞의 인생만 쫓는 삶이 되어 버렸다. 상위 1%를 위한 부품이 되어 사회에 모나지 않게, 혹시나 될 것 같으면 당신 자신이나 주변 사람들이 당신의 능력을 깎아내어 그 자리만을 유지하도록 끌어내려 준다. 더 이상 튀지 못하고 앞으로 나아가지 못하게. 부품이 할 일 그대로만큼만 할 수 있도록, 부품 크기에 맞게 당신을 깎아낸다. 당신은 그렇게 되지 않도록 막아도 모자랄 판에 깎아지는 것이 당연한 것인 양 가만히 그 깎임을 바라본다. 그리고 깎인 것에 감사하며 부품으로서의 소임을 다할 것을 맹세한다. 의식하지 않고 사는 모든 사람들은 이와 같다. 당신도 이 책을 읽기 전엔 그들과 같았을 것이다. 이제는 당신도 서서히 '의식하기'를 사용할 수 있게 되고, 깨닫게 되면서 당신의 삶은 남들과는 아주 다른 방향으로 갈 준비를 맞췄다.

7장 요약

- 물체 하나를 놓고 눈이 많은 곤충과 색약을 가지고 있는 동물, 그리고 다른 위치에 서 있는 사람들 모두 같은 물체를 보지만 서로 다른 모양의 물체를 마주하게 된다.
- 우리가 현실이라고 생각하는 것은 사실 우리 사람의 눈에서만 그렇게 보일뿐 실제로 존재하는 물리적 세상은 다르다.
- 양자물리학적으로 우리가 보는 모든 것은 개념적 공간의 확률적 파동일 뿐이고 이 뜻은 당신이 인식하는 대로 세상이 보이고 바뀜을 의미한다.
- 우리는 같은 공간에 있어도 무의식적으로 관심 있는 것만 보며 살고 있다. '보이지 않는 고릴라' 실험은 우리가 세상을 우리가 보려고 하는 대로 보고 있다는 것을 알게 해 준다.
- 확고한 마음으로 목표를 가지고 나아간다면 주변 상황이 그에 맞게 바뀌고 끌어당겨진다는 것을 느끼게 되

는데 우리는 이것을 '끌어당김의 법칙'이라고 이야기한다.
- 항상 웃으며 모든 일이든 잘될 것임을 아는 것처럼 밝은 얼굴로 세상을 사는 사람들이 긍정적인 결과를 불러오는 경우가 많은 것은 결코 우연의 일치가 아니다.
- 확고한 믿음 속에서 생기는 일들이 전부 일사천리로 진행되는 기이한 현상을 보면서 나는 믿는 대로 삶이 움직일 수 있도록 도와주는 무언가가 있다고 생각한다.
- 우리가 태어나면서부터 사회의 질서를 혼란시키지 않게 만들어 놓은 장치들이 있다. 이 장치들은 뇌의 효율적인 쓰임을 위해 심어졌지만 지금은 사람들에게 확고한 목표와 꿈을 주지 않는 장치로 변하고 말았다.
- 손바닥 안에서 모든 일을 가능케 한 세상, 정보가 넘치는 세상이 오면서 우리 유전 형질에 남아 있던 기본적 사회 질서들이 더 이상 우리를 앞으로 나아가지 못하게 한다. 똑같은 일생을 살며 눈앞의 인생만 쫓는 삶을 만들어 버렸다.
- '의식하기'를 시작한 당신은 이제 어떻게 삶을 살아야 할지를 안다. 어떻게 당신에게 필요한 것들을 끌어당길

지 역시 알고 있다. 남들처럼 눈앞의 삶만 바라보며 사는 삶이 아닌 살고 싶은 삶을 자신이 직접 만들 수 있다. 당신은 이제 날아오를 준비를 한다.

8장

느리게 걸으며 사람들 틈에서 정답을 찾는다

바뀌고 싶어도 따라갈 수 없다면?

　지금 처한 상황으로 인한 대부분의 괴로움과 부정적 사고들은 사실상 당신 머릿속에서만 나오는 단어들일 뿐이지 실제로는 그 실체가 없다. 쓸데없는 고민을 하며 시간을 잡아먹고 당신 본인에게 스트레스만 줄 뿐, 아무런 영양가가 없다는 말이다. '고민해서 안 될 것 같으면 고민을 하지 마'라는 우스갯소리 말도 얼추 일리가 있는 것이다. 약간의 고민이 마치 포도송이처럼 줄줄이 다른 비슷한 생각들을 몰고 와 아무런 행동도 할 수 없게 무력하게 만드는 것을 조심해야 한다. '나비 효과'는 이 책에서 가장 중요한 핵심 단어다. 우리는 그동안 안 좋은 일들만 나비 효과처럼 일어나길 바라 왔다. 또 안 좋은 일이 생기지 않으면 내 생각이 틀리지 않다는 것을 증명이라도 하듯 안 좋은 일을 끌어들이게끔 노력했다. 이 상황을 타파할 계획은 세우지 않고 내 주변에서 원인을 찾으며 어쩔 수 없었다는 변명거리를 만들기 바빴다. 그리고 사회 탓, 부모 탓을 하며 모두가 공감해 주길 바란다. 나보다 못한 이들을 보며 안도하고, 아무것도 진행하지 않음과 동시에 미래에는 더 나아질 거라는 헛된 희망을 품는다. 아주 약간, 조금만 잘하는 능력을 잠재력이라 포장한 채 남들처럼 시간만 버리며 순간만을 즐기는 인생을 추구한다. 잠깐의 순간만을 즐기는 킬링타임용 생활을 하며 정작 당신이 추구하는 일들은 찾지 못한 채 1년, 2년 시간은 돌이킬 수 없게 흘러간다. 당신이 쉽게 버린 그 시간들은 당신이 꼭 필요한 때에 한 끗 차이로 필요한 순간을 놓치게 만들 것이다. 놓친 순간이 점점 쌓이고 당신 인생을 어둡게 만듦을 당신이 직접 느낄 때, 동시에 안 좋은 결과가 물밀듯이 쏟아짐을 느낄 것이다. 이것은 모든 시간을 소중히 하자는 그저 그런 이야기를 하고 싶은 것이 아니다. 모든 기계도 충전이라는 쉼터가 있듯이, 당신 인생에서도 쉬어 가는 날들이 필요하다.

사람들은 자신이 직접 판단하고 행동하고 있다고 생각하지만 집단의 영향을 받으며 대부분 집단 전체의 의견을 따르려는 경향을 보인다. 이를 동조(conformity)라고 하는데 미국 같은 개인주의 문화보다 아시아 등 집단주의적인 문화권에서 더 높은 동조율을 보인다. 동조가 올바른 판단을 하지 못하게 하고 남들과 똑같은 길을 가게 하지만 이것이 집단의 거부를 피하고 사회적 인정을 얻는 데에 도움을 준다 생각하기 때문에 쉽사리 동조에 순응하며 살게 된다. 동조하지 않는다면 쉽게 집단 구성원들로부터 소외되고 배척될 수 있다는 두려움도 마음 한 곳에 남아 있어서이기도 할 것이다. 대체로 의존성이 높고 부정적으로 자기 비난을 하는 경향이 클수록 동조에 취약하다. 반면, 자신을 타인과 차별화하고 싶은 경향이 높고, 지능이 높으며, 자존감이 높을수록 그렇지 않은 사람보다 동조를 잘 하지 않는 것으로 밝혀졌다(Forsyth, 2006). 자신에 대한 확실한 믿음이 없는 사람일수록 동조에 자연스레 스며드는데 이는 결국 본인 자신이 무엇을 하고 싶었는지 무엇을 원했는지를 찾지도 못한 채 남들과 똑같이 나이만 먹고 하루 앞의 돈만 걱정하는 삶을 살게 되는 주요한 이유가 되기도 한다. 우리 사회에선 쉬어가는 것을 굉장히 혐오하고 있으며 타인과의 경쟁만을 통해 갈등을 유발하는 것에 아주 특화되어있다. '쉬다'는 것은 현재 사회에서는 '뒤처진다'를 뜻하기 때문에 함부로 자신에 대한 휴식을 가지기 어렵고 남들과 같은 길을 가야만 하는 강박을 가지고 있다. 현실은 그렇게 살아온 사람들 대부분 행복하지 않고 정신적으로 불안 속에 살고 있다는 것을 우리 모두는 안다.

쉬어 가면서 자신을 비로소 이해하게 된다

중요한 점은 뒤처짐을 두려워하지 않고 쉬어 보는 것이다. 모든 사람들이 하는 말에 전부 귀 기울일 필요 없다. 당신 자신을 위한 쉼터를 찾고, 한 번쯤 가만히 아무것도 하지 않은 채 세상을 바라보는 시간이 필요하다. 빠르다고 다 좋은 것이 아니다. 빠를수록 놓치는 것도 많아진다. 당신 인생에 큰 획을 그릴 아이템도, 좋은 인연들도 모두 놓치게 된다. 먼저 느림 속에서 당신 자신을 돌아보아라. 한 번도 해 보지 않은 것들에 도전해 보아라. 골프, 등산, 춤, 노래 전부 다 좋다. 다른 아이디어들이 샘솟을 수 있게 당신 인생에서 한 번도 해 보지 못한 분야를 탐구해 보아라. 그동안의 당신은 부모님이나 주변 사람에 의한 인생을 살아왔을 것이다. 이제는 이 책을 통해 새로운 발견을 시작할 때이다. 당신 삶의 공허함을 채울 시기가 바로 지금일 수 있다. 회사 생활로 바쁜 당신이라면 하루 이틀 휴가를 내어 아침부터 온천을 가 머리를 식히거나, 서점을 간다거나 뮤지컬을 보는 등 잊고 지냈던 취미들을 한 번씩 해 보아라. 당신이 이루려던 부자들처럼 돈 걱정 안 하며 사는 것이 어떤 것인지를 고민해 보고, 하루 이틀은 그들의 입장에서 살아 보아라. 아무런 스트레스를 받지 않고 카페에서 책과 함께 커피를 마셔 본다든지, 골프, 전시회, 해외여행 등 풍족하였을 때의 나의 모습을 상상해 보아라. 비슷하게나마 즐겨 보았을 때 당신은 무의식적으로도 풍족한 삶을 살겠다는 의지를 보임과 동시에 그것들을 끌어당겨 줄 것이다. 항상 재촉하며 촉박하게 사는 것이 정답이 아닌 것을 몸으로 느껴보고 이유 있는 여유로움을 갖도록 노력해 보자. 쉬는 것에 초조해하지 말고 이유 있는 여유로움이라 생각하며 쉬면 된다. 그리고 그 여유로움 속에서 행복감을 찾아보는 것. 여유로움 속에 행복감이 가득할 때야말로 당신 인생 속 정답으로 한 발자국 전진하는 과정일 것이다. 정신적 압박감에서 해방되어 살아갈 때 당신 자신을 비로소 이해하게 될 것이고, 나아가 모든 세상 사람들의 아픔을 품어줄 여유가 생길 것이다. 중요한 것은 의미 없는 여유로움을 즐기라는 것이 아니다. 여유로움을 즐기되 이 여유로움은 미래의 나를 위한 여유로움이라 생각하고 새로운 아이디어가 떠오를 수 있도록 혹은 좋은 행운이 나에게 다가올 수 있도록 하는 마음가짐을 찾는 여유로움이 되길 바라야 한다. 그렇게 믿고 쉬어야 당신에게 끌어당겨질 것이다. 쉬면서 무엇인가를 강박처럼 끌어당기려 하지는 말자. 그저 멍하니 당신 자신을 믿고, 알아서 다가오고 있음을 믿고, 깨달음을 미리 얻은 것처럼 나아가라. 여유로움 속에 무엇인가를 얻지 못했더라도 일단 나에게 다가오고 있음을 믿고 다시 당신 인생을 살아가야 한다. 아직 얻지 못했다고 계속적으로 여유로움을 탐하지 말라는 이야기이다. 그것은 내가 원하는 것이 아닌, 나의 부정적 씨앗이 원하는 것이라 생각하고 견제하여라. 우리의 목표를 달성하기 위한 여유로움인 것이지 아무 의미 없는 나태함을 위한 여유로움이 아니다. 이것을 잘 구분해야 한다. 당당하게 여유로움을 즐기고 기쁜 마음으로 다시 당신 인생에 스며든다. 좋은 것들이 당신에게 다가오고 있음을 믿으면서. 그리고 당신 인생을 살면서 당신을 도와주려는 존재가 당신에게 주는 힌트들을 의식하고 느껴 보자. 항상 기대하며 산다면 이 힌트들은 길을 걷다가, 혹은 일을 하다가 밥을 먹다가 당신이 생각하지 못했던 장소에서 당신 눈앞에 나타나 줄 것이다. 당신이 생각했던 단어들이 눈앞에 똑같이 나오게 될 수 있고, 잠깐 고민했던 상황들이 똑같이 눈앞에 나타날 수 있다. 힌트들을 느끼고 경험하게 된다면 절대 의심하지 말아야 한다. 나를 지지하는 존재가 있다는 것을 더 확실하게 믿고 그것에 의심하지 않고 확신을 가지는 것이 중요하다. 이제는 보이지 않는 무한한 존재가 당신 편에 섰음을 깨달았기 때문에 무엇도 두렵지가 않을 것이다. 친구와의 불편함도 상사의 꾸짖음도 갑자기 생긴 투자 실패도 모두 이겨낼 수 있음을 알게 될 것이다. 그리고 오히려 안 좋은 상황들이 미래에 어떤 모습으로 나에게 좋은 경험이 되어 줄지 기대하게 될 것이다. 나를 지켜봐 주는 무한한 존재가 있음을 알기 때문에 앞으로는 행복한 미래에 서서 당당히 두려워하지 말고 나아가면 그 무엇도 당신의 장애물이 되지 못할 것이다.

내 삶의 운전대는 내가 잡는다

모든 일들은 그 첫걸음이 굉장히 중요하다. 하지만 우리의 첫걸음은 남들과 다른 위대한 첫걸음이 될 것이기에 더욱더 중요하고 집중이 필요하다. 모든 것들을 끌어당길 수 있는 당신이기 때문에 제대로 된 목표를 끌어당길 수 있게 미리부터 준비해야 한다.

딱따구리는 겨울에 먹을 도토리를 모으는 습성이 있다. 나무에 구멍을 뚫어 도토리를 보관하곤 하는데 나무 하나에 3만 개의 도토리를 저장해 놓을 정도로 그 열정은 대단하다. 하지만 내가 본 뉴스 기사는 사람이 살고 있는 나무로 만든 집 기둥을 목표로 삼아 도토리를 모으고 있던 딱따구리에 대한 내용이었다. 한눈에 보기에도 찾기가 쉽고, 따뜻하기까지 하니 이보다 좋은 나무는 없으리라. 내가 딱따구리의 입장이었어도 당연히 집 나무 기둥이 더없이 좋은 보관 장소였을 것이다. 안타깝게도 집주인에게 들켜서 모았던 도토리들을 압수당하게 되기 전까지만 해도 말이다. 집주인이라고 이 행동을 계속 지켜볼 순 없었을 것이다. 월세를 내면서 나무 기둥을 이용하고 있는 것도 아니었고, 계속 방관하면 집 기둥에 문제가 생길 수도 있는 일이니까 말이다. 결국 서로가 모두 좋은 결과를 얻도록 하는 상황은 발생하지 않았다. 집주인이 딱따구리가 모았던 모든 도토리들을 빼내고 폐기 처분하게 되면서 딱따구리가 바라던 꿈은 막을 내리게 된다.

    이 뉴스 기사를 본 대부분의 사람들은 귀여운 딱따구리의 일탈 정도로만 생각할 것이다. 하지만 우리들 사는 세상도 이와 비슷한 일들이 자주 일어난다. 어떤 일을 열정적으로 진행한다 해도 그 끝이 정해져 있는, 한계가 보이는 일이라도 미련하게 다들 버리지 못하고 진행한다. 그동안 해온 과정들이 아깝다거나 언젠가는 빛을 볼 것이라는 의미 없는 희망 안에서 말이다. 당신이 원하고자 했던 목표가 실은 집주인의 나무 기둥처럼 남에게만 좋은 것을 시키는 일이라든지, 금방이라도 빼앗겨 주저앉을 일은 아닌지 고민해 보고 진행하지는 않았을 것이다. 아니면 당신도 그것을 알고 있지만 그동안 해온 것들이 아깝다는 생각에 놓지 못하고 있는 것일지도 모른다. 이 책을 보고 있는 당신은 분명 부정적 결과가 가득한 일이라도 조금은 다르게 변화시킬 수 있는 힘이 있겠지만, 굳이 결과가 뻔히 보이는 일에 당신의 귀중한 시간과 믿음을 투자해야 할까 자문해 보자. 아니면 괜찮은 전망과 결과가 가득한 곳에서 당신의 깨달음을 실천하는 게 나은지, 그리하여 그곳에서 남들과 다름을 더욱더 보여 주기 위해 노력하고 전진한다면 그것이 가장 효율적이고 완벽한 방법이지 않을까 생각해 보는 것이다.

    남들처럼 그동안 해온 게 아깝다고 지금까지 버리지 못하고 가지고 있는 무엇인가가 있다면, 지금 이 순간부터 깔끔히 버리고 새롭게 나아갈 준비를 해 보자. 해온 게 아깝다거나 하는 마음들은 모두 자신감이 부족했던 과거 당신의 흔적들이고, 자신을 믿는 지금 이 순간부터는 새롭게 원하고 도전하는 모든 일들이 잘 풀릴 것임을 알기에 미련한 과거에 연연하지 않아도 된다. 나는 첫 단추를 잘못 꿰어서 노력에 비해 얻는 것이 적거나 아예 없는 상황을 많이 접했다. 결과가 안 좋게 나온다면 그 결과에 승복하지 못하고 이미 끝난 일에 대해 고민만 늘어간다. 결국엔 핑곗거리만 찾게 되고 결과에 대한 회피만 하게 된다. 열심히 했는데도 안 좋게 나온 결과표는 당신을 더욱 허탈하게 만들고 부정적 씨앗만 가득 심는 사고만 하게 만든다. 당신이 깨닫고 느낀 것을 훌륭한 광야에서 시작할 수 있게끔 보는 안목까지 높여 준다면 더 이상 당신을 막을 세상의 벽은 없어진다. 정치인을 하고 싶다면 주변이 당신을 훌륭한 정치인으로 성장할 수 있게 힌트를 줄 것이고 부유한 건물주가 되고 싶다면 이 또한 그렇게 만들어 줄 것이다.

    당신의 안목을 높여 줄 수 있는 방법은 가까운 곳에 있다. 항상 우리의 뇌는 한곳에 집중하지 못하고 이리저리 튀어 오르는 탄력 좋은 공과 같다는 것을 알아 두자. 그렇기 때문에 우린 짧은 시간 동안 무수히 많이 튀어 오르는 공을 붙잡고 옳은 길로 던져 주어야 한다. 3초. 이 3초마다 우리 인생은 선택의 기로에 서고 인생을 바꿀 수 있는 힘을 얻는다. 《습관의 디테일》의 저자 브리안 제프리 포그(Brian Jeffrey Fogg)는 매일 아침 기상하여 '오늘도 멋진 하루가 될 거야!'를 외치고 하루를 시작한다고 한다. 미국 최고의 습관 설계 전문가이자, 행동 과학자인 포그는 아침에 일어났을 그 순간부터 긍정의 힘을 받고자 혹은 또 받았다고 미리 믿으며 하루를 시작한다. 이렇게 하루를 시작하면 분명 긍정적인 상황들을 남보다 더 잘 끌어당길 것이고, 긍정의 힘이 막강하다는 것을 그도 살면서 느꼈기 때문에 하루도 빼먹지 않고 이런 기상 습관을 유지하고 있다. 단 3초로 하루의 모든 삶을 긍정적인 방향으로 바꿀 수 있다. 단 3초 만에!

20세기 가장 훌륭한 철학자로 평가받는 인도의 지두 크리슈나무르티(Jidu Krishanmurti)는 인생을 자유롭게 살기 위한 가장 첫 번째 방법은 사회화 과정에서 만들어 놓은 모든 것과 결별함에서부터 시작되어야 한다고 믿었다. 항상 어떤 것 또는 어떤 사람과 당신을 비교하게 된다면 비교함으로써 있는 그대로의 당신을 조각낸다고 얘기한다. 비교는 갈등의 주요 원인이 되어 당신을 낮게 만들고 침체에 빠지게 한다고 믿었다.

"비교 없이 있는 그대로의 당신을 보는 것은 당신에게 엄청난 힘을 줍니다. 비교 없이 자신을 보면서 아무리 하찮고 인정 못 받는 일이라도 자신이 진정으로 사랑하는 것을 찾아 한다면, 그것은 영혼의 위대성을 일깨워 주게 됩니다. 자신의 목적을 위해 행동하고, 범용함의 영향에 사로잡히지 않는 거대한 힘과 기량을 가지게 될 것입니다."

8장 요약

- 괴로움과 부정적 사고들은 머릿속에서만 일어나는 일들일 뿐, 실제로는 그 실체가 없다.
- 고민으로 인해 아무런 행동도 할 수 없게 되고, 안 좋은 일을 끌어당기는 것을 조심해야 한다.
- 대부분의 사람들은 다수의 생각이 옳은 것인 양 행동하고 따른다. 하지만 그것은 잘못된 길이며 당신이 진정으로 하고 싶은 일을 찾지 못한 채 인생만 허비하게 된다.
- 자신을 돌아보며 쉬어갈 수 있는 마음가짐을 가져야 한다. 쉬어가면서 자신을 돌아볼 때 비로소 놓쳤던 아이디어와 인생의 중요한 길을 찾게 된다.
- 당신이 이루려던 사람들처럼 돈 걱정 없이 사는 것이 어떤 것인지를 잠시나마 체험해 보고 나의 모습과 동화시키며 풍족한 삶을 살겠다는 의지를 보여라.
- 여유로움 속에서 행복을 찾는 법을 깨달을 때 당신 자신을 비로소 이해하게 될 것이고, 모든 세상 사람들의

아픔을 품어 줄 여유가 생긴다.
- 당당하게 여유로움을 느끼고 기쁜 마음으로 다시 당신 인생으로 되돌아와 새 충전을 한 당신의 다른 모습을 느껴 보아라.
- 모든 좋은 것들이 당신에게 다가오고 있음을 믿고 당신을 도와주는 존재가 세상에 뿌려 놓은 힌트들을 찾아보자.
- 이 힌트들은 당신이 필요로 할 때 생각지도 못한 곳에서 눈앞에 비추어질 것이다. 우연히 본 tv의 장면, 식사 메뉴를 찾다가 나오는 글귀, 길을 걷다 보이는 간판 등 모든 것이 당신에게 힌트를 주기 위해 달리 보일 것이다.
- 남과 비교하며 사는 인생이 아닌 자신만을 있는 그대로 보고 하고자 하는 일을 찾아본다면 모든 주변의 시선이 어느 순간부터 당신을 비추고 있을 것이다. 당신만이 밝게 빛날 것이다.

9장

스스로 선택하며 불가능을 이룰 준비를 한다

주변 사주와 운세, 종교론적 관점에 날 끼워 넣고 있다면?

　기독교, 천주교, 불교 등 모든 종교는 포용과 사랑을 이야기한다. 하지만 인류 역사에 종교로 인한 전쟁은 빠짐없이 등장했고 잔혹했다. 《이기적 유전자》의 저자이자 위대한 진화생물학자 리처드 도킨스(Clinton Richard Dawkins) 역시 이를 근거로 적극적으로 무신론을 설파했다. "종교는 우리 인류에 전혀 도움이 되지 않는다, 신앙은 망상이며 그것도 아주 유해한 망상이다"라고 말하며 적극적으로 무신론을 설파했던 인물 중 하나였다. 그의 발언은 아주 일리가 없는 말은 아니다. 실제로 많은 종교 전쟁이 역사적으로 있었고 많은 사람들이 이로 인해 의미 없이 죽었다. 하지만 그렇다고 해서 종교를 악이나 바이러스로 비유할 수는 없을 것이다. 분명 과한 종교적 믿음은 문제를 일으키지만 다양한 종교의 이름 아래 봉사활동이 많이 이루어지고 있는 것도 사실이고, 가난한 나라 등에 병원이나 학교 등 아낌없는 지원을 하고 있는 것 역시 종교의 믿음 아래 가능한 일이니까 말이다. 종교가 사람에게 안정감과 위로를 준다는 순기능은 도킨스 역시도 인정하였지만 극단주의, 즉 믿음이 과한 종교인들의 횡포가 워낙 심해 헌신적인 행위에 대한 순수함이 대부분 묻혀 보이지 않는 수준까지 왔고 선량한 종교인들은 종교가 없었더라도 선한 삶을 살았을 것이라 말하며 재차 신앙 활동을 비판하기도 했다. 그렇다면 도킨스의 말대로 종교와 거리를 두는 것이 올바른 선택인지, 아니면 종교가 사회에 융화될 수 있도록 우리가 노력하고 품어 주어야 하는지는 다양한 측면에서 고민을 해야 한다.

미국의 과학 역사학자이자 초자연적 주장 및 유사 과학을 조사하는 스켑틱 매거진의 창간자인 마이클 셔머(Michael Brant Shermer) 역시 신의 존재를 믿지 않는 대표적 학자로서 도킨스와 뜻을 같이 가지만, 그는 종교가 존재하는 이유가 인류가 진화하면서 어쩔 수 없이 생긴 현상이자 자연스럽게 형성된 믿음 중 하나라고 이야기하며 해석을 다르게 한다. 사람의 마음을 읽고 미래를 예언한다고 주장하는 사람들, 심령 현상을 겪었다며 실제로 유령이 존재한다고 믿고 사는 사람들, 천국과 지옥의 존재 등등 많은 사람들은 살면서 다양한 믿음을 가지고 삶을 살아가는데, 마이클 셔머는 이는 모두 현재의 인류가 우연하고 불확실한 것으로 가득한 세상에서 패턴을 추적하고 인과 관계를 찾도록 진화한 까닭이라고 설명한다. 만약 길을 걷다가 옆에서 무언가 부러지는 소리가 들렸다. 그때 우리 인간은 이성적인 동물이기 때문에 가만히 서서 분석해 본다. '바람에 스쳐 부러졌나, 작은 동물이 그것을 밟고 갔나, 별일 아닐 거야' 이렇게 합리적이랍시고 서서 분석하고 있던 사람들은 그 분석이 단 한 번이라도 잘못돼서 호랑이나 멧돼지 등 위험한 산짐승이 밝고 간 소리로 밝혀졌다면 살아남지 못했다. 그래서 상당수 다치고 죽었고 그 순간 일단 도망치며 주변에 민감하게 반응한 조상들의 후손들만이 현재 남아 있게 되었다. 그렇기 때문에 우리도 그런 식으로 진화해 왔을 것이라는 이야기이다. 이를 화재경보기 이론(fire alarm theory)이라고도 부른다. 현재 사람들이 주변 이야기에 쉽게 믿고 의지하는 것은 이러한 자연스러운 인류 진화 중 한 단계였으며 종교의 탄생은 이로써 자연스럽게 생긴 것이라는 주장이다. 많은 과학이 발달한 이 시대에도 종교가 없어지지 않고 끊임없이 사회에 전반적인 역할을 수행하고 있는 것을 보면 우리 인류 진화의 자연스러운 현상이지 않았을까 생각해 볼 수 있는 것이다. 하지만 현재를 살고 있는 우리는 더 이상 산짐승들에게 다치고 죽고 도망쳐야 하는 신세가 아니다. 대부분의 사람들이 비합리주의와 맹신으로 눈을 가리고 살아갈 때 당신은 이성적으로 판단하고, 의식하고 나아갈수록 삶을 좀 더 수월하고 풍요롭게 살 수 있지는 않을까?

현재 우리의 삶은 크고 작은 굴곡과 함께 어우러진다. 버티는 삶도 있을 테고 못 버티고 나가떨어지는 삶도 있을 것이며 흐르는 대로 사는 삶도 있을 것이다. 우리의 삶에 저항이 생길수록 우리는 다른 곳에서 쉽게 그 해결책을 찾으려 한다. 남들이 당신에게 전하는 이야기들은 간혹 많은 문제를 가져오기도 하는데, 특히 사주나 운세를 통해 삶을 의지하게 될 때 우리는 삶의 많은 긍정적 부분을 잃게 된다. 여기 사주 또는 그와 비슷한 운세를 점치며 미래를 예상하는 사람들이 있다. 사주나 운세 풀이는 재미로 보기에 적절한 놀이들이지만, 생각보다 많은 사람들이 사주나 운세에 자기 자신을 끼워 넣는다. 좋은 내용만 있다면 상관없을 테지만 문제는 안 좋은 풀이들이 섞여 있고, 대부분 안 좋은 풀이를 예민하게 받아들인다는 것이다. 몇 줄의 문장으로 자신 인생 모두를 걸려고 하는 어이없는 행동들을 서슴없이 하는 게 지금의 사람들이고, 우리가 봐 왔던 높은 직위의 사람들조차 그런 거짓된 믿음으로 삶을 살아간다.

불이 났을 때 가장 안전한 방법은 무엇일까? 소방관과 같은 전문가들의 지시에 따라 빨리 안에서 탈출하는 것이다. 버스의 운전은 버스 기사가 한다. 음식점의 관리 개선은 음식점의 주인이 한다. 사주는 이를 무시하고 사주의 해석이 우리 삶의 주인을 자처하게 만든다. 당신의 삶을 스스로 이끌어 가려 하지 않고, 누군가가 자신을 이끌어 주길 기다린다. 우리 주변 대부분의 사람들이 그렇다. 사주 혹은 종교를 믿어 신에게 도움을 빌고 당신 자신이 헤쳐 나갈 힘을 얻게 하는 것. 사람은 나약하기 때문에 혼자서는 나아갈 수 없다고 믿고 구원을 얻는 행위들 모두가 같다. 신에게 도움을 빌고 나면 잠시나마 마음의 안정감을 느끼게 되는데, 이것은 실제로 도움을 받아 얻는 안정감이 아니라 나의 고민거리를 남에게 일정 부분 넘김으로써 얻게 되는 정신적 안정감인 것이다. 인류가 아무리 그러한 쪽으로 진화해 왔다고 해도 신과 사주라는 도구를 이용하여 현실적으로는 아무것도 나아진 것이 없음에도 잠시나마 나의 짐을 옮겨 놓음으로써 정신적 안정감을 얻는 것은 이성적으로 판단하면 결국 당신에게 아무런 도움이 되지 못하는 것이다. 그럼 이것이 잘못된 것일까? 과한 믿음은 역사적으로 많은 실패를 낳았기 때문에 이러한 도구를 이용하여 자신의 모든 것을 맡긴다는 측면에서는 잘못된 것일 수 있으나, 이를 통해 당신 자신에게 안정감을 주어 사건, 사고가 나아진다면 이것은 어쩌면 좋은 방법일 수 있다. 플라시보 효과처럼 효과적일 수 있는 것이다. 하지만 상세히 그 이유를 파보지 않고, 순전히 기댈 무엇인가가 있다는 믿음만으로 모든 것을 넘겨주어 정신적 안정감을 지속적으로 찾게 된다면 나중엔 좋음과 나쁨의 구분이 모호해지고, 앞으로 나아갈 지름길조차 찾지 못한 채 허공에 손짓만 하는 삶이 끊임없이 지속될 것이다. 신에게 도움을 구하든 사주를 보든 운세를 검색해 보든 어디까지나 참조용으로써 사용해야지 당신의 전부가 되면 안 된다는 이야기이다. 신이 있다면 혼자 힘으로 나아가려는 사람을 더 돕지 계속적으로 도움만 갈구하는 사람을 좋아하진 않을 것이다.

주변에 대한 적당한 믿음은 안정감을, 과하면 불안감이 된다

여기 특정 종교를 믿는 사람이 있다. 그는 그가 믿는 신적인 무엇인가에게 끊임없이 행복을 빌고 조언을 구한다. 사람은 특정한 것에 집중할수록 무한한 에너지가 생긴다고 앞서 내가 얘기한 적이 있다. 그 역시 끊임없이 조언을 구하다 어느 순간 깨달음을 얻어(혹은 상상이든 그 어떤 것이 떠올라) 그것대로 행한다 하자. 그리고 잘되지 않았거나 혹은 아주 잘된 결과가 나왔다. 잘되지 않았다면 그는 신께서 뜻이 있어 실패하게 하였다 생각하고, 잘되었다면 본인 자신의 힘으로 잘된 것이 아닌 신이 도움을 주었다 생각하며 앞으로 나아간다. 결국 당신 자신이 아닌 신에게만 의존하며 살게 되고 이것은 점점 안 좋은 흐름으로 진행되어 나중엔 당신이 실수를 저질러도 신에게 책임을 전가해도 되는 죄책감 없는 삶이 시작된다. 책임을 전가하니 본인에겐 그 책임이 없고, 틀린 방향으로 가더라도 당신은 잘못이 없다 생각하겠다. 자신(自信)하게 되지 않고, 자만(自滿)하게 되는 것이다. 신이 있다면 당신이 잘못된 믿음으로 다른 방향을 가는 것을 원하지 않을 것이다. 자신과 자만은 단어적으론 한 끗 차이지만 그 내포된 의미의 차이는 완전히 정반대로 삶의 모든 것을 바꿔놓는다. 자만하여 실패하고, 자만하여 타락한다. 자신하여 성공하고, 자신하여 갱생한다. 자만하는 사람들은 주변 사람들이 떠나가고, 자신하는 사람들은 주변에 사람들이 붙는다. 나는 자만하는 사람이 주인공이 된 이야기를 한 번도 들어보지 못했다. 운 좋게 좋은 직책을 얻거나 성공하였어도 인생의 끝은 항상 비참했다. 자만은 판단을 흐리고 결국 원하지 않았던 길로 들어가기 때문이다. 자만으로 현실의 당신을 직시 못하고 뭐라도 된 양 겉멋만 들다가 결국 모든 걸 놓치는 패턴이다. 남들의 입발림 소리만 듣다가 당신은 성장할 수 있는 시기를 놓치고 튼튼히 쌓아 놓은 기반도 없다 보니 놓친 시간들이 나비 효과가 되어 당신을 쓰러트린다. 몇 년간의 노력들은 한순간에 0에 수렴하고, 나이만 먹은 당신을 마주하게 된다. 신의 뜻이라고 따라가거나 또는 주변 사람들의 유혹에 빠져 따라가다 당신 인생을 송두리째 날려버리고는 다시는 돌아오지 못할 강을 건넌다. 뭐든지 적당해야 당신에게 도움이 되는 것이지 무조건적인 거짓된 믿음은 부정적 씨앗이 가득한 현실을 제공할 뿐이다.

미디어 및 대중 매체에서는 주변 사람들의 심리를 이용해 돈을 갈취하는 사람들의 얼굴이 나오기도 하는데 '도대체 왜 저런 사람을 믿고 돈을 주는 거지?'라는 생각이 나올 정도로 이상한 사기에 휘말리는 사람들이 많다. 속에 담아 두었던 이야기와 함께 한평생 모은 돈을 쉽게 헌납하고 그와 공유하며, 나의 인생도 그에게 맡겨놓고 그저 기다리는 것이다. 내 마음이 안정될 때까지. 의식하기 전까지는 본인이 무슨 실수를 하고 있는지 모른다. 특히나 종교를 통해 신의 뜻이 그러하다는 핑계로 당신을 찾아오는 사람은 100% 당신의 무엇인가를 노리고 접근한다. 당신에게 아쉬운 게 있고 가져갈 게 있으니 다가오는 것이다. 그리고 그 아쉬운 부분은 대개 돈일 확률이 높다. 간혹 아낌없이 그저 다른 사람들과 나누고 베풀기만 하는 사람이 매스컴에 나오기도 한다. 그런 좋은 분들이 당신을 도와줄 수 있는 게 아니냐 반론하지 말았으면 한다. 당신 주변에 그런 사람이 있었다면 이미 당신은 그 주변 사람이 풍겨온 긍정의 힘을 받아 이렇게 살고 있지 않았을 것이다. 혹시나 찾아오더라도 로또에 당첨되듯, 가뭄에 콩 나듯 우연하게 찾아오는 게 다일 뿐이지, 당신이 끌어당기는 게 아니란 말이다. 당신 자체가 아직 좋은 분들을 받을 여유와 공간이 없는데 어떻게 그분들을 끌어당길 수 있단 말인가? 지금 이 순간 그런 좋은 사람들을 끌어들이려 노력하지 말자. 당신이 이 책을 통해 정신적으로 더 성숙해지고 삶에 조금 깨달음을 얻게 된다면, 그리고 사는 방식이 부정적 씨앗을 심지 않게 바뀌게 된다면, 좋은 분들도 자연스럽게 당신 주변에 따라올 것이다. 신도 당신의 인생을 옆에서 바라보며 도와줄 것이다. 당신이 좋은 쪽으로 변화하면 주변 좋은 상황과 사람은 자연스럽게 끌어당겨질 것이고, 알아서 모든 계획들이 순탄하게 진행될 것이다. 당신 자신부터 먼저 바뀌고 나아가는 것이 제일 중요함을 잊지 마라.

가끔씩 우리는 어딘가에 투자를 하고 싶어질 때가 있다. 투자를 진행할 때도 당신 중심으로 이해하고 진행한 투자는 좋은 경험이 될 뿐 아니라 결과를 제외하고서도 당신의 성장에 지대한 영향을 주지만, 남을 통한 일방적인 투자는 잘 안될 확률이 높을뿐더러(남이 당신에게 알려줄 정도면 그 정보는 이미 모든 사람이 알고 있다) 우연히 잘되더라도 이러한 쉬운 길에 중독되어 몇 번이고 따라가다 보면 끝은 좋은 곳이 아닐 것이라는 걸 당신도 무의식적으로 느끼고 있다. 무슨 무슨 전문가라며 사람들을 현혹하고 TV에 나오며 투자를 권유하는 사람들이 있는데 이들의 정보가 약간의 도움이 될 수는 있겠지만 가볍게 듣는 정보여야 하고 모든 걸 이 정보에 쏟아부어서는 안 된다. 그들은 성공한 전문가들이 아니다. 성공하여 많은 돈을 쟁취한 전문가라면 결코 일당이나 월급을 받으며 당신에게 정보 공유를 위해 나와서 홍보를 하고 있지 않을 것이라는 걸 의식해야 한다. 돈 조금 벌기 위해 당신 눈앞에서 홍보를 하고 있는 그 전문가는 어쩌면 당신보다 못한 삶을 살고 있는 것일 수 있다. 실력이 좋았으면 이미 많은 돈을 벌어 어디든 여행을 다니고, 건물을 사고, 땅을 사는 삶을 살고 있어야 하지만 그들은 그러지 못했다. 월급 받아 살기 위해 당신 앞에 서서 투자할 것들을 추천해 주고 정보를 나눈다. 무언가 아쉬운 게 있기 때문에 당신 앞에 서서 유혹을 하고 있다. 당신은 그들이 고의로 접근하고 유혹하는 것에 민감히 반응해야 한다. 당신 자체가 성장해야만 남에게 의존하지 않고 나를 믿는 힘이 더 강해질 것이다. 당신 자신, 나에 대한 확고한 믿음이 행복한 미래를 가져다줄 제일 중요한 요소이다. 자신에 대한 확고한 믿음은 당신이 성장할수록 그 믿음의 힘은 자연스럽게 더욱 강해지고 좋은 것들만 당신에게 끌어당겨 줄 것이다. 역경 속에 성장하는 당신을 볼 때에 그리고 자만하지 않고 본인을 성장시키는 모습을 보여줄 때, 당신이 믿는 신도 당신에게 더욱더 도움을 주고 싶어 할 것이다. 남을 쉽게 믿어 쉽게 큰 부를 얻을 생각을 하지 말고, 이미 지름길을 알고 있고 모든 좋은 것들이 나에게 다가오고 있음을 알아 두고 여유롭게 판단하고 선택해 보자.

영향을 미치는 모든 것에 참여하기

현재는 코미디 영화계의 대부이자 할리우드 톱 배우로 알려져 있는 짐 캐리(Jim Carrey)도 무명 시절에는 일거리가 없어 버려진 차 안에서 잠을 자고, 대부분을 공중화장실에서 지낼 정도로 가난한 삶을 이어갔다. 항상 매 끼니는 햄버거였으며 아버지의 실직으로 15살의 어린 나이부터 돈을 벌어야 했기 때문에 그의 최종 학력은 중졸이었다. 짐 캐리는 어렸을 때부터 장난감이 없었기 때문에 거울을 보며 표정 짓기 놀이를 하곤 했는데 이것이 나중엔 특기가 되어 코미디언으로 생활할 수 있는 계기가 된다. 오랜 무명 시절로 우울증에 걸리기도 했지만 그는 학생 시절 보조 선생님에게 자신을 믿고 계속적으로 나아간다면 꿈을 이룰 수 있음을 배웠기 때문에 포기하지 않았다. 선생님은 아침 예배 시간마다 원하는 것을 요구하며 그 대가로 무엇을 하겠다고 신에게 빌면 원하는 무엇이든 얻게 될 수 있다고 이야기를 해 주었다. 짐 캐리는 그 얘기를 듣고 우리 가족은 자전거조차 살 돈이 없으니 자전거를 준다면 '거룩한 묵주' 기도를 읊겠다고 신에게 기도를 드린다. 그리고 2주 후, 신기하게도 학교에서 짐 캐리에게 자전거를 보내 주는 상황이 생긴다.

짐 캐리는 그 이후로도 비슷한 일들이 많이 생겼다고 하며 나이가 먹어서도 그 믿음을 잃지 않으려 스스로에게 130억짜리 수표를 쓰고 이미 받았다고 느끼며 생활하는 등 스스로의 모습을 매일 밤 상상하며 잠자리에 들었다고 한다. 그는 그가 옳았음을 스스로 증명했고 세계가 인정하는 명배우가 되었다. 행복 가득한 부와 명예와 함께!

"당시 제가 할 수 있었던 것은 상상하면서 기분이라도 좋게 하는 거였어요. 하지만 이게 정답이었죠. 세상에 당신이 원하는 것을 알리고 그것을 위해 노력하면서 과정에 생기는 일들은 편하게 받아들이세요. '어떻게'는 신경 쓰지 말고 머릿속으로 문을 계속적으로 열고, 현실에서 그 문이 실제로 열릴 때 그냥 들어가면 됩니다. 모든 것에 신뢰를 가져 봐요. 신뢰는 거대한 불길을 뛰어넘습니다."

모든 순간순간들은 나뭇가지처럼 연결되어 있어 그 속을 파 보면 당신의 행동과 마음에서 일어난 일이라는 것을 알게 된다. 결코 우연은 없으며 우연을 가장한 필연(必然)이다. 어디서 당신에게 도움 되는 일이 나타날지 모른다. 아무리 오래 걸릴 것 같고 힘들 것 같은 목표도 당신이 짧게 이루리라 마음먹고 그 믿음으로 문을 두드린다면, 그 목표는 남들이 단 한 번도 이루어 본 적 없는 아주 짧은 시간 내에 당신에게 도달할 것이다. 당신은 사람들이 불가능하다고 말했던 일을 해내고, 불가능하다고 말했던 것들을 얻을 수 있는 바로 그런 존재다. 나 자신을 믿고 항상 해결법을 찾으려고 노력해 보자. 신적인 존재는 당신이 필요로 할 때 당신에게 해결법을 주기 위해 앞장서 준다. 긍정적인 마음으로 당신 자신을 믿고 끝까지 나아가라. 내 속에 부정적 씨앗이 싹틀 틈을 주지 않고 확고한 믿음 아래 나아가기만 한다면 전 우주적 존재의 힘이 당신에게 다가갈 것이다. 좋은 것들만 당신에게 끌어당겨 줄 것이다. 자만하지 않고 겸손한 마음가짐으로 실수가 있었어도 성장의 발판이라 믿고, 목표를 이루었더라도 다음을 위해 자만하지 말자. 항상 모든 좋은 것을 받기 위해 불평하지 않고 참여하는 행동이 필요할 것이고 당신이 포기하지 않는 긍정적인 마음으로 모든 것을 받아들일 준비가 되었을 때 우주는 당신에게 무한한 행복만을 가져다줄 것이다. 사주나 운세 같은 것으로 당신의 운을 시험하지 말고 그저 긍정적인 마음으로 당신 인생의 주최자가 되어라. 남들에게는 험난한 길도 당신에게는 어떠한 장애물이 되지 못한다. 주변 사람들은 생각하지 못하는 단단한 믿음으로 한 걸음 크게 내딛는다. 그와 동시에 세상의 모든 좋은 소식들은 당신을 통해 생기고 당신을 통해 이루어질 것이다.

9장 요약

· 사주나 운세는 가볍게 보기에 적당한 놀이에 불과할 뿐이지 자기의 인생 모두를 걸 만큼 가치 있지 않다.
· 당신의 삶은 당신이 헤쳐 나가야 한다. 누군가 자신을 이끌어주길 기다린다면 성장 없는 방황일 것이다.
· 신이라는 매개체를 통해 안정감을 얻는다면 신은 당신에게 호의적인 도구일 수 있다. 하지만 변화 없이 정신적 안정감만 추구한다면 부정적인 삶만 지속될 것이다.
· 신은 보조적인 역할로서 훌륭한 임무를 수행한다. 당신은 신에게 의존하지 않고 직접 인생을 마주할 때 더욱더 큰 보답을 받는다.
· 자만(自滿)하지 않고 자신(自信)하게 될 때 당신 중심으로 세상이 돌아감을 느낄 것이다.
· TV에 나오며 투자를 권유하는 사람들, 주변에서 본인의 부만 자랑하는 사람들 모두는 모두 아쉬운 게 있기 때문에 당신 앞에 서서 투자 유혹을 한다.
· 당신 자신이 성장할수록 유혹을 지혜롭게 뿌리칠 수 있

고 좋은 것들만 당신에게 끌어당길 수 있는 힘이 생긴다.
· 현재 당신은 좋은 주변인을 끌어당길 여유와 공간이 없다. 대부분은 원하는 게 있기 때문에 당신을 찾아온다. 당신을 좋은 분들이 다가올 수 있는 그릇으로 키워야 한다.
· 주변이 변화기를 기다리는 것보다 당신 자신부터 먼저 바꾸고 나아가는 것이 제일 빠르고 현명한 방법이 된다.
· 당신이 포기하지 않고 자신 있는 마음으로 모든 것을 받아들일 준비가 되었을 때 주변은 당신을 위해 존재하게 된다.

10장

부와 명예, 행복 모든 좋은 것은 순간에 찾아온다

시작은 거창하나 끝이 미약하다면?

　그동안 세상의 모든 일들과 당신 자신은 행복보다는 스트레스를 안겨주는 생활만 고집하였다. 이 스트레스는 당신을 계속 잡고 밑으로 끌어내렸고, 매번 안 좋은 결과만을 생각해 내게 하였다. 당신 자신도 모르게 안 좋은 결말을 지어 버렸고, 쉽게 마음을 접게 만들었다. 첫 시작은 좋게 시작했지만 끝이 안 좋은 사람이 많은 게 이 때문이었으리라. 부정적 씨앗이 이미 결과가 나오기 전에 가득했기 때문에 행동을 하면 할수록 결과에 대한 부정적 잡생각이 넘쳐나 집중을 할 수 없게 되고, 약해진 집중력은 스트레스를, 스트레스는 결국 약한 멘탈을 만들어 내었다. 당신에게 닥친 시련들이 너무 크게 느껴졌을 것이고, 두려웠을 것이다. 넘을 수 없는 시련처럼 다가왔을 것이고 주저앉았을 것이다. 마음가짐만 달랐더라도 이 시련은 아무 문제도 아니었음을 그때는 인지하지 못했을 것이다. 혹시 200m 오르막길을 뛰어 본 적이 있는가? 없으면 집 주변을 직접 뛰고 와도 좋다. 처음부터 끝 지점을 보고 질주하기 시작하면 얼마 못 가 중간부터 '잠깐 쉬고 뛰어 볼까, 이 정도만 뛰어도 괜찮지 않을까' 하는 마음이 차오르기 시작한다. 하지만 끝

지점을 보지 않고 땅만, 내 발만 보며 뛰어 보아라. 힘들어도 몇 초만 더 나아가 보자고 생각하고 조금만, 조금만 더 뛰어 보아라. '얼마까지 왔지'라고 생각한 그 순간, 이미 목적지에 도착해 있거나 근접해 있을 것이다. 아주 소소한 방법 하나가 결과를 다르게 만든 것이다. 결과를 당신 마음에서 만들지 말고 일단 실행만 해 보자. 어떻게 될지 미리 예상을 하고 시작하는 것이 아닌 그냥 한번 시도해 보는 것이다. 그리고 할 수 있는 한끝까지 진행시켜 보아라. 시간은 우리가 생활하기 편리하도록 만든 장치일 뿐이지 당신이 반드시 일찍 끝내겠다는 마음이 확고하다면 당신 목표에 맞게 시간은 재설정된다. 내가 일찍 끝내겠노라 마음만 확실히 가진다면 시간은 당신 일정에 맞게 느리게 흐른다. 같은 시험이라도 사람마다 끝내는 기간과 점수가 다른 것처럼, 갈구함이 강할수록 당신의 뜻대로 이루어지는 것에는 시간이 아무런 장애물이 되지 못한다.

어린 나이에 일찍이 몇십억을 벌고 풍족하게 사는 사람, 나이 먹어 부와 명예를 얻는 사람들, 뒤늦게 목표를 이루었지만 큰 파도와 함께 모든 좋은 일들을 쏟아 받는 사람들 등 당신은 시간에 쫓기듯 생각하지 말고 그저 앞만 보고 진행하면 된다. 이것저것 찔러보려 하지 말고 된다는 확실한 믿음과 함께 천천히 하나라도 진행해 본다면 목표의 끝은 반드시 온다. 그저 버티면 된다. 잘 하려는 생각조차 당신에겐 강박이 될 수 있으니, 편하게만 진행하고 꺾이지만 말아라. 잠시 멈춰 가도 좋으니 당신의 목표를 잃지만 말자. 확실한 믿음 속에서는 시간의 빠름과 느림은 당신에게 아무런 영향을 주지 못한다. 당신이 필요할 때 시간은 느려지고 빨라진다. 목표를 위해 주변 환경도 당신이 행복해지도록 도와준다. 나는 이 책을 10년간 고민하여 만들면서 매번 새롭고 더 좋은 마음가짐이 생길 때마다 내용을 추가하고 수정하였다. 언젠가 내가 이 책을 쓰고 출판할 것이라는 것을 인식하고는 있었지만 현 생활이 너무 바빴기 때문에 미래로 미뤄 둘 수밖에 없었다. 하지만 항상 마음속에 남겨 두었고 시간이 여유로워진 지금 어쩌면 내가 이 상황을 끌어당겼을지도 모른다는 생각이 들었다. 최근 모든 상황이 신기하게도 맞아떨어졌다. 책을 진지하게 풀어쓰자고 마음먹기 며칠 전, 알고 있던 학생들과 주변인들이 정신적으로 매우 힘들어하는 모습을 며칠 사이에 여러 번 보았다. 학생들은 진로에 대한 고민과 가정환경에 대해 고민이 많았고, 주변인들은 큰 빚을 지거나 하여 평범하게만 살고 싶었는데 그것조차 힘들어졌다며 하소연하는 경우가 많아진 것이다. 경기 불황이 더욱더 지속됨에 따라 혼자 힘으로 이겨내기에는 벅참을 많이들 느끼는 것 같았다. 갑자기 시간적으로 여유가 생긴 것이 처음에는 그동안 열심히 살아온 나에 대한 보상이라 여겼었지만, 어쩌면 힘들어하는 남들을 보듬어 주라는 힌트가 아니었을까 생각이 들기 시작했다. 그리고 그것은 동시에 책에 대한 열망을 다시금 불태워 주었다. 그렇게 나의 열망과 주변 모든 사람들의 열망을 포함하여 이 책은 탄생되었다.

자기 자신을 믿음 속에서 성장시킬 수 있는 이 힘은 무한정이라 많은 사람들과 나눈다고 해도 결코 없어지지 않는다. 오히려 많은 사람들이 이 힘을 통해 행복해진다면 당신이 깨우친 것 그 이상으로 주변을 통해 긍정적인 상황이 펼쳐질지도 모른다. 주변 사람 모두가 이 힘으로 하나가 된다면, 당신도 모르게 부정적인 씨앗이 들어오려 할 때 주변의 도움으로 이를 막고 행복한 일들만 더욱더 눈앞에 펼쳐질 것이다. 이 세상 모두가 풍요로울 수 있을 정도로 가득하고 넘치는 이 힘은, 깨닫는 사람에겐 더 큰 부와 명예를! 그리고 행복만을 가져다줄 것이다!

두려워할 필요 없다. 나에게 주는 힌트를 찾아라

우리는 하루 동안 무수히 많은 선택의 기로에 서게 된다. 아침에 일어나서도 '5분만 더 잘까, 세수는 찬물로 할까, 밥은 먹고 나갈까' 등 무수히 많은 선택의 순간 속에서 하루의 전체가 정해지고 더 나아가서는 당신의 인생 그 자체가 된다. 이 모든 선택의 순간들을 긍정의 힘으로 옳은 선택만 할 수 있게 된다면 어떻게 될까? 혹은 모든 선택이 전부 다 옳은 선택지라고 한다면 어떤 결과가 될까? 학교를 가는 학생이라면 운 좋게 번뜩이는 아이디어나 좋은 친구들과의 추억이 생기거나 연애가 잘 되거나 평소에 사이가 좋지 않았던 친구들과의 악연이 끝나는 등이 있을 수 있겠고, 사회생활을 하는 직장인이라면 출근 시간이 늦었더라도 제시간에 도착하거나 자가용을 이용한다면 신호를 받지 않고 회사까지 수월하게 도착하거나, 회사 안에서 맡고 있는 프로젝트가 있다면 쉴 틈 없이 진행이 원만하게 될 것이고, 계약을 따내야 하는 업체가 있다면 해당 회사 담당 부서와 이야기가 잘 되어 계약이 성사되는 등의 좋은 일들만 끌어당길 수 있을 것이다. 긍정적인 마음과 함께 흐름을 타게 되면 당신이 가는 곳곳에 다른 공간으로 느껴질 특정한 힌트들이 보이게 된다.

    학생 시절부터 잦은 스트레스 및 유전적인 문제로 일찍이 탈모가 와서 자연스럽게 집 안에서 활동하게 된 남자가 있다. 그 당시 어렸을 때부터 탈모를 겪는 사람은 없었기 때문에 그는 주변 사람들과의 만남을 기피하게 되었고, 본인 인생을 부정적인 시각으로만 보게 된다. 끼니도 과자로만 해결하는 경우가 많아 영양 부족과 스트레스로 그의 탈모는 가속화되었고, 결국 병원을 찾게 된다. 병원에서는 유전적인 문제인지 영양 부족으로 생긴 탈모인지 밝히지 못하고 이른 나이지만 남성 호르몬을 억제하여 탈모를 지연시키는 탈모 약을 권하게 된다. 그에겐 더 이상 다른 길로 나아갈 방법이 없었다. 부작용이 강한 약이었지만 이전과는 다르게 탈모가 많이 진행되었기 때문에 다른 방법이 없었다. 그는 부작용을 내심 걱정했었지만 인생을 의식하고 긍정적인 마음의 힘을 깨닫기 시작하면서 인생을 새롭게 보는 연습을 하기 시작한다. 이른 나이에 탈모가 가속화되어 탈모 약을 먹게 된 것에 대해 감사함을 느끼고 이것을 본인에게 준 힌트라고 생각을 하기 시작한다. 천천히 탈모가 진행되었으면 대부분의 모낭이 서서히 퇴화하여 탈모 약 등 많은 방법을 강구하지 못하고 손을 쓸 수 없게 되었겠지만(이로써 치료 시기를 놓쳤겠지만), 가파른 탈모는 오히려 늦지 않고 방법을 강구할 수 있게 본인에게 채찍질을 해 주었다는 느낌에서였다. 이른 나이에 탈모 약을 복용하는 사례가 국내에 현저히 적었을 시기여서 부작용에 대한 많은 연구 결과가 나오지 않았음에도 불구하고 본인 몸에 맞았는지 아무런 부작용 없이 탈모를 억제하게 되었고, 스트레스를 받지 않는 건강한 생각과 삶도 같이 시작하게 되어 문제를 해결함과 동시에 한층 성장하는 삶을 살게 된다. 아름답고 훌륭한 반쪽을 만나 행복을 키우게 되었고, 이제 그는 다른 시련이 오더라도 반갑게 맞이할 준비를 한다.

    피부 트러블로 많은 스트레스를 받던 사람이 있다. 그녀는 다양한 화장품과 피부 시술을 받아 보지만 악화될 뿐 더 나아지질 않는다. 피부에 자신감이 없어 밖을 나갈 때는 마스크를 쓰고 다니던 그녀였다. 매일같이 운동을 해 보지만 나아지는 것은 없었다. 하지만 그녀는 좌절하지 않고 해결할 수 있다는 믿음 아래 마음을 다잡는다. 해결법을 찾을 거란 확신과 함께 본인은 먹는 음식에 따라 피부가 다르게 반응한다는 것을 파악하게 되었고, 그녀는 본인에게 맞지 않는 음식들을 찾기 시작한다. 음식을 먹을 때마다 영양 성분표를 꼭 확인하는 습관이 생겼고 자연스럽게 가공식품은 멀리하게 된다. 원하든 원하지 않든 건강한 음식만을 골라 먹는 생활을 하였고, 그동안의 음식 데이터들을 모아 건강 주스 브랜드를 창업해 내기에 이른다. 그녀의 피부 문제로 인해 그녀는 본인의 직장을 얻었다. 그리고 수십 명의 직원들을 채용하는 번듯

한 사장님이 된다.

갑작스런 체중 증가로 운동을 할 수밖에 없는 환경이 되었고, 그 시기에 맞춰 신기하게도 지역 마라톤 대회가 눈에 띄어 신청을 하게 된 사람이 있다. 그 과정에서 굉장한 성취감을 맛보며 새로운 도전에 자신감 있게 앞장서는 모습으로 변하게 되었고, 그 당시 느꼈던 끈기와 절제력은 그의 삶의 많은 것을 바꿔 준다.

이 모든 일들은 긍정적인 흐름을 탈 수 있게 당신이 사고 자체를 바꿨기 때문이며 한번 긍정적인 흐름을 타기 시작하면 나비 효과처럼 점점 더 좋은 일들만 가득 몰고 올 것이다. 이전에 의식하지 않고 살아서 잔잔하게 깔려 있던 당신의 좋은 일들이 이제는 긍정적인 흐름을 통해 저 멀리 아래에서부터 좋은 일들을 긁어내어 당신에게 끌어당겨 줄 것이다. 주변 좋은 사람들을 끌어당겨 한층 사람 관계에 있어 성숙함과 깨달음을 안겨 줄 것이고, 그동안 살았던 인생 자체가 180도로 뒤바뀌는 경험을 하며 행복감과 함께 긍정의 힘을 의식하며 사는 당신이 되어 있을 것이다. 좋은 목표를 설정할 수 있게 계속적으로 당신 앞길을 밝혀줄 것이고 이유 있는 자신감을 심어 주어 도움 안 되는 부정적 상황들에게 미련을 갖지 않도록, 쉽게 빠져나올 수 있도록 당신을 도와줄 것이다.

또한 앞서 말했듯이 우리를 지켜봐 주는 우주적 존재는 항상 의식하지 않더라도 당신을 도와주는 힌트를 세상 곳곳에 숨겨 놓는다. 우주적 존재는 우리에게 호의적이라 결코 당신을 내버려 두지 않는다. 당신이 힌트를 찾아 긍정적으로 나아가기만을 바란다. 당신이 이 책을 찾은 게 우연적인 사건이라 생각하는가? 이 세상에 우연은 없다. 당신이 지금 이 순간 시간을 내어 이 장소까지 와서 마침 눈에 보이는 곳에 있었던 이 책을 발견한 것이다. 검색을 통해 알게 되었다면 이 순간 그렇게 생각하여 검색하고, 그렇게 알게 되어 구매하자고 마음을 먹고 읽을 때까지, 모든 선택의 기로에서 선택하고 선택하여 이 책을 읽고 있는 것이다. 쉽게 만날 수 있었던 우연이었다면 진작 아주 어렸을 때부터 지나다니는 길목마다 이 책이 있었겠지만, 당신과 이 책의 만남은 아주 소중한 의지와 의지가 연결되어 어렵게 생긴 만남이었기 때문에 드디어 이 순간, 당신에게 찾아와 당신에게 읽히고 있다. 우주적 존재는 우리에게 아주 이로운 존재라 딱 필요한 순간에 당신이 힌트를 얻어 긍정적 흐름으로 나아갈 수 있게 언제 어디서든 도움을 주고 있다. 당신이 이제 의식하기 시작한 지금부터 우주적 존재는 더욱더 당신을 위해 집중적으로 움직일 것이다.

많은 생각을 할 필요가 없다. 당신을 지지하는 존재가(신이든 무엇이든) 당신 인생길을 도와줄 것이라 믿어 보자. 그리고 아무 고민 없이 한 발자국 크게 내디뎌 진행한다. 내가 당신을 찾아 읽

혀지고 있는 것처럼 생각보다 많은 것들이 당신에게 좋은 것들을 가져다주려고 노력할 것이고, 좋은 일들만 생기려 노력해 줄 것이다. 당신을 그동안 갉아먹었던 행동들을 의식하고 이제는 반대로만 행동하면 된다. 그동안의 당신 생각대로 진행하여 그런 삶을 살았던 것을 의식해 보고 이제는 그런 안 좋은 것들을 놓아줄 준비를 해 보자. 생각이 많으면 결코 원하는 것을 얻기 힘들어진다는 것, 그리고 남들처럼 똑같이 재미없는 인생을 살게 된다는 것을 항상 기억해라. 모든 사람들과 마찬가지로 도전도 못해 보고 생각 안에서 끝나는 삶을 살지 말자. 생각과 현실은 의외로 조그만 차이가 나비 효과가 되어 다른 결과물을 도출하는 경우가 굉장히 많다. 그 목표가 크고 원대할수록 조그만 차이가 아주 큰 역할로 다가온다. 당신이 우연한 시간에 우연한 생각과 위치로 이 책을 찾은 것처럼, 생각과 다르게 현실은 다양한 방법들을 당신 앞에 제시해 줄 것이다. 당신을 믿어 보자. 당신을 믿고 이론과 현실은 분명 다를 것이라 확신해 보자. 아주 어렵고 힘든 길이 될 것 같을지라도 직접 시도해 보고 판단해 보자. 그게 어떤 결과가 되었든 당신에게 아주 좋은 경험이 될 것이다. 탄탄한 기초가 되어 목표 지점까지 안전하게 갈 수 있는 길을 만들어 줄 것이다.

이겨낼수록 당신은 성장한다. 새 삶이 찾아온다

난 주변 사업가나 부와 명예를 얻는 사람들을 지켜보면서 자기 자신을 믿고 나아가기만 한다면 터질 일은 반드시 터진다는 것을 깨달았다. 어떤 일을 실행했는데 잘 안됐다든지 목표량을 못 이루었다, 오늘 할 일을 못했다며 절대 슬퍼하지 말란 이야기이다. 밖으로 아직 드러나지 않았을 뿐, 이미 우리 내적인 무엇인가는 변하고 또 좋은 것을 가져다줄 준비를 하고 있는 것이니. 그렇기 때문에 더더욱 잘 안된 일이 있더라도 이걸 안 좋게 생각하면 안 된다. 신 또는 우리가 모르는, 하지만 우리를 도와주려는 우주적 존재가 나를 더 잘 되게끔 기회를 주시는 것으로 이해하자. 분명 이런 결과를 나오게 한 이유가 있다고 생각하자. 그리고 내가 잘못한 게 아닌, 내가 더 잘할 기회를 주시는 거라고 믿자. 이렇게 나 자신을 끝까지 믿는 것에서부터 긍정의 힘을 얻어, 최후에는 무조건 당신이 원하는 대로 완벽하게 되는 삶을 살 수 있는 잠재력을 당신에게 보여 줄 것이다.

절대 당신이 원하지 않은 결과가 나왔다고 낙담하지 말라. 그저 깊게 생각하지 않고 목표를 향해 계속적으로 전진만 해 본다면, 내 발만 보며 뛰었던 상황과 같이 목표까지 도달을 못하더라도 그 목표치에 근접한 결과나 도움을 줄 힌트가 나올 것이다. 이론과 현실이 확연한 차이를 보이는 것을 직접 느껴 보아라. 그리고 모든 것은 마음가짐의 차이였다고 깨달아라. 마음가짐만 바꾼다면 모든 일들을 훌륭하게 바꿀 수 있었음을 이제라도 깨달은 것에 감사해라. 언제든 당신은 해낼 수 있는 잠재력이 있는 사람이었다. 그동안 깨닫지 못했을 뿐이다. 당신을 향한 이 믿음은 목표가 없는 무조건적인 믿음을 얘기하는 것이 절대 아니다. 나에 대한 확고한 믿음, 당연히 해낼 것이라는 믿음은 모든 세상일을 가능케 도와준다. 지금 현재 처한 상황이 주변 환경 또는 말 못할 가정사에 있다고 생각하는가. 안 좋은 상황은 모든 사람에게 주어진다. 특히 당신이 끌어당기지도 않았는데 태어날 때부터 이미 가지고 있었던 안 좋은 흐름들도 있을 것이다. 어릴 때의 주변 환경, 가정사 등 이런 것들은 당신이 원하지 않았어도 받고 있는 부정적 씨앗들이었지만, 사실 우리가 인지하지 못할 뿐이지, 주변 사람 열에 여덟은 말 못 할 가정사나 주변 환경을 이미 가지고 있었다. 당신만 불우한 위치에서 살아온 것이 아니다. 아버지가 엄해 어렸을 때부터 맞아 왔다, 어머니를 여의였다, 빚이 생겨 딱지가 붙었다 등 어렸을 때부터 모든 것이 내 뜻대로 되는 그런 삶을 살았던 사람은 없다. 이 상황을 벗어나려면 일단 나 자신에 대한 확실한 믿음만 주면 되는 것이다. 내가 변화시킬 수 없었던 이전의 일로 더 이상 본인에게 스트레스 주지 말자. 오히려 남들보다 이른 나이에 얻기 힘든 경험을 함으로써 더 일찍 성숙해질 기회를 얻었다 생각해 보자. 그리고 당신이 가진 잠재력을 믿고 의식하고 나아가 보는 것이다.

모든 위대한 사람들의 역사를 보면 항상 그 사람을 성장시켜 주는 원동력이 되는 사건들이 반드시 존재했던 것도 기회를 주기 위함이다. 위대한 사람들은 매번 그 상황들을 헤쳐 나갔고 결국 원하는 바를 이룬다. 큰 성장통이 올수록 이겨 내면 훨씬 더 위대한 당신이 되어 남들이 우러러본다. 우리는 매번 침대 속에만 있으면서 아무것도 안 한 사람들이 위대한 사람이 된 이야기는 한 번도 보지 못했다. 안 좋은 상황 속에서도 자기가 잘될 수 있는 무언가를 찾는 사람이 위대한 사람이 되고 부를 얻었다. 의식하기만 한다면 당신은 위대한 사람으로서 성장할 수 있는 잠재력을 갖게 되는 것이고, 세상을 어떻게 변화시킬 건지는 당신이 어느 분야에 관심이 있는지에 따라 그에 맞게 세상이 흘러가고 변화할 것이다. 당신이 원하는 최고의 자리는 언제나 비어 있다. 언제든 당신은 될 수 있는 잠재력을 가지고 있고 날개를 펼 수 있다. 시련은 이미 드라마 속 주인공처럼 겪었으니 이제는 날갯짓만 하면 되는 것이다. 의식하고 깨어 있어라. 인생을 의식하며 사는 사람에게 부와 명예, 행복 모두를 얻는 자리가 생겨날 것이다.

10장 요약

- 마음가짐만 달랐더라도 다가온 시련은 쉽게 뛰어넘을 수 있는 능력이 있음을 그동안 당신은 몰랐다.
- 200m를 뛴다고 가정하고 끝 지점을 애초에 보고 뛸 때와 시작할 때와 끝 지점을 보지 않고 내 발만 보며 뛰었을 때의 결과는 다르다. 내 발만 보고 뛰었을 때는 조금만 더 뛰어가 보자는 생각을 통해 기존보다 훨씬 더 목표 지점에 근접하게 된다.
- 애초에 무슨 일을 시작할 때 본인 마음속으로 결과의 한계를 정해 놓지 말고 잘될 거라는 믿음만 품고 시도해 보자. 분명 다른 결과를 당신에게 보여 줄 것이다.
- 시간은 우리가 생활하기 편리하도록 만든 장치일 뿐이다. 일찍 끝내겠다는 마음만 확고하다면 남들보다 훨씬 이른 시간에 모든 걸 성취할 수 있게 된다.
- 이루어 낸다는 갈구함이 강할수록 시간은 당신에게 있어 아무런 장애물이 되지 못한다.
- 잘하려는 생각조차 강박이 된다. 첫 발걸음만 떼어 보

고 꺾이지만 말자. 멈춰 가도 좋으니 잃고 살지만 않으면 된다.
- 목표가 크고 원대할수록 조그만 차이가 다른 결과를 만들어온다. 믿고 진행하기만 한다면 생각과 다르게 현실은 다양한 방법들을 당신 앞에 제시해 줄 것이다.
- 우주적 존재는 항상 의식하지 않더라도 당신을 도와주는 힌트를 세상 곳곳에 숨겨 놓는다. 당신이 힌트를 찾아 긍정적으로 나아가기만을 바란다. 당신은 모든 선택의 순간들을 다 옳은 선택지만 찾아 골라 갈 수 있는 능력이 있다.
- 주변 사람 열에 여덟은 말 못 할 가정사나 주변 환경을 이미 가지고 있다. 당신만 불우한 위치에서 살아온 것이 아니다. 부족함은 성장을 돕는 에너지가 된다.
- 모든 위대한 사람은 매번 큰 시련들이 함께했지만 이겨냈고 결국 원하는 바를 이룬다. 큰 성장통이 올수록 이겨 낸다면 더 위대한 당신이 되어 있을 것이다.
- 주인공의 자리는 언제나 비어 있다. 당신을 지지하는 존재가 있음을 믿고 힘차게 날갯짓을 해 보자. 부와 명예, 행복 모두를 얻는 주인공이 탄생할 것이다.

11장

행운은 겸손과 같은 길을 밟는다

겸손해야 행운이 들어온다?

　인생을 살면서 생기는 모든 일들은 사람과 사람의 관계 속에서 생긴다. 바꿔 말하면 사람과의 관계가 좋을수록 좋은 일들이 생길 확률이 높다는 이야기가 되겠다. 자영업을 하는 사람이라면 사람들이 많이 와서 팔아 주고 홍보해 주면 좋은 것이고, 회사 생활을 하는 회사원이라면 임원진이나 직장 상사가 좋을수록 회사 생활이 행복하고 편안해진다. 학생이라면 주변 친구들의 생활 방식에 따라 본인의 목표와 환경이 바뀌어 인생을 바꿀 좋은 선택을 하게 될지도 모른다. 모든 관계에는 어떤 사람을 만나냐에 따라 당신 인생의 선택과 흐름이 크게 바뀔 수 있기 때문에 본인 주변에 적을 만들지 않고 좋은 사람만 남겨 두는 것이 가장 좋은 방법이지만, 대부분은 사람과의 관계를 어떻게 만들어 가야 좋은지 그 방법을 모른다. 아마 가장 쉽고 편안한 방법은 겸손일 것이다. 자랑하고 싶어도 한 번 더 참고, 거만하고 싶어도 내려놓자. 상대방 얘기에 적당한 호응과 추임새를 넣어 주고 얘기를 들을 땐 절대 귀찮은 티를 내지 말자. 상대의 자랑엔 무한한 기쁨을 표출해 주고 당신의 자랑은 되도록 가족이나 당신 마음속에서만 표현해 주자.

당신의 기쁨과 슬픔은 모두 공유하지 않고 본인만 알도록 하자. 아무리 깊은 관계라도 한쪽이 아파트나 땅을 샀다는 소리를 듣게 되었을 때부터 질투와 부러움이 생기는 게 현재 사회를 살고 있는 사람의 모습이다. 사람의 본질이 악인지 선인지는 나도 정답을 얘기할 수 없다.

미국 에모리 대학 연구팀이 발표한 〈사회적 협력을 위한 신경계의 기초〉 연구 논문에서는 참가자들을 '협력'이냐 '배신'이냐에 따라 다르게 보상을 주는 죄수의 딜레마(prisoner's dilemma) 실험에 참가하게 한 후 이들의 뇌 활동을 실시간으로 촬영하며 연구해 결과를 도출해 내었다. 그 결과 인간은 선한 행동을 보일 때 비로소 즐거움을 느끼고 대뇌가 활성화되도록 신경계가 연결되어 있다는 사실을 확인하게 된다. 이 연구 결과는 당신이 겸손으로 상대를 바라본다고 해서 잃을 것이 전혀 없고, 오히려 좋은 긍정적인 흐름을 끌어당길 수 있는 기폭제 역할을 한다는 것을 가르쳐 준다.

인간은 누구나 자기 존중감을 유지하려는 욕구가 있어서 성공의 원인을 주변에서 찾지 않고 항상 자신의 능력과 노력에서만 찾는다. 이것을 자기 고양 왜곡(self-serving bias)이라고 하는데 우리나라 같은 집단주의에서도 이 자기 고양 왜곡을 바람직하게 보지 않지만, 미국 같은 개인주의 문화에서도 자기 고양 왜곡을 하는 사람에게는 능력이 아무리 좋다 해도 성품에 대해 부정적으로 평가하는 경향을 보인다고 하니(Skowronski & Carlston, 1989) 타인에 대한 겸손 없는 자기 존중감은 당신의 능력 여부를 떠나 결국 주변 사람들은 자신에 대한 평가를 부정적으로만 받아들인다는 것을 알 수 있다.

당신이 긍정적인 흐름을 타고 세상 모든 좋은 것을 끌어당길 자신이 있는 사람으로 성장하더라도 겸손은 항상 마음속에 가지고 다녀야 그 결과를 오래 유지할 것이다. 거만과 자만은 우리가 목표하는 행복한 삶을 잃어버리게 만든다. 부정적 씨앗을 심는 행위와 같은 흐름을 가지고 있는 단어들이기 때문에 그 단어들을 같이 가지고 다닌다면 당신이 잠깐 삐끗했을 그 시기에 부정적 씨앗들이 열매를 피울 것이다. 당신에 대한 뒷담부터 당신이 내 편이라 생각했던 사람들이 도움을 거절한다든지 등 안 좋은 일들이 꼬리에 꼬리를 물고 생겨날 것이다. 언제든 당신이 추락하기만을 기다리는 사람들만 주변에 가득할 것이다. 이런 이유들로 당신을 언제든 불행하게 만들 가능성을 줄 모든 것들을 차단하는 것이 가장 똑똑한 방법이 되어 준다. 항상 겸손으로서 자신을 단단하게 만들어라. 그리고 효율적이게 살아라. 내가 겸손하게 살라 했다고 모든 사람을 만날 때마다 겸손을 강박처럼 주입해 놓고 있지는 않아도 된다. 세상에는 당신의 겸손을 폄하하고 깔보는 경향의 사람들도 있다. 겸손하게 얘기한다고 자기 자신의 가치가 낮아지는 것이 아니고, 폄하한다고 자기 자신의 가치가 높아지는 것도 아닌데, 이것을 모르고 행동하는 사람들이 참 많은 게 지금 세상이다. 남을 폄하하고 비하해야 자기 자신의 가치가 올라간다고 생각하며 사는 사람들은 결국엔 주변에 아무도 남지 않고 쓸쓸한 삶을 살게 되니 자업자득이겠지만, 그 사람으로 인해 많은 사람들이 스트레스를 받는 것은 누가 보상을 해주냔 말이다. 당신 역시 그 사람에게 끝까지 겸손을 가지고 있지 않아도 된다. 처음 겸손으로 행동하였으면 그것으로 당신은 예의를 갖춘 것이다. 외유내강의 삶을 살아라. 바꿔 말하면 강한 사람에게는 강하게, 약한 사람에게는 약하게 대하는 강강약약의 삶이겠다. 남을 폄하하고 비하하는 사람까지 당신 주변 사람으로 만들 필요는 없다. 그런 사람에게 굳이 맞서서 에너지를 낭비하지 않고 다른 방향으로 걸으면 되는 것이니, 절대 그 사람을 내 사람으로 만들려고 힘을 쏟지는 않아도 된다.

우리는 가끔씩 처음 보는 사람인데 싸한 느낌을 주는 사람을 마주치곤 한다. 난 이것을 우리의 직감이 주는 신호라고 생각을 하는데, 인상 형성에 대한 연구에 따르면 상대방 얼굴을 짧게 보고서도 동성애자인지, 어떤 삶을 살아왔는지, 유능한지 등 웬만큼 판단이 가능하다고 한다. 이렇게 그가 어떤 사람일지 예상할 수 있는 것은 내현 성격 이론(implicit personality theory)와 고정 관념을 통해 추론하게 되는데 보통 자신의 과거 경험과 타인들로부터 찾았던 특징 등으로부터 기초한다고 한다. 이는 사람마다 살아왔던 삶이 다르기에 객관적이지 않지만, 많은 일들과 사람들을 겪은 사람일수록 이 인상 형성에 대한 적중률이 굉장히 높아진다. 나는 항상 느낌이 싸한 사람은 피하고 멀리서 지켜보곤 했는데, 꼭 내가 피했던 사람들은 당연하게도 몇 가지씩 안 좋은 사건들을 몰고 다녔다. 이 직감은 당신이 삶을 살아갈 때에도 힌트처럼 당신 앞을 비춰 주는 역할을 할 것이다. 당신도 직감이 강하게 드는 때가 있다면 그 신호를 예민하게 받아들이고 행동해 보자. 그리고 이 직감과 더불어 나를 돕는 존재가 당신 앞길을 지켜봐 줄 것이라고 믿는다면, 믿음으로써 그 직감은 더욱 분명해지고 정확해질 것이다. 이로써 모든 직감은 당신에게 도움을 주는 신호로 바뀐다. 당신을 항상 운이 좋은 사람으로 만들어 주는 이유 중 하나로 상대를 파악할 수 있는 이 직감이 큰 역할을 해 줄 것이다.

좋은 행동들은 나비 효과가 되어 행운을 불러온다

당신의 겸손과 함께 인생을 즐기면서 한 가지 더 생각하고 진행한다면 좋을 일들이 있는데, 난 돈을 많이 벌든 적게 벌든 매달 꾸준히 하고 있는 것이 있다. 바로 봉사와 기부 활동이다. 남을 도우면 나에게 몇 배로 복이 되어 돌아온다는 느낌을 우연히 받은 적이 있었는데 바로 그때부터였다. 생각보다 나에게 큰 도움을 주었고, 그때부터 난 항상 그렇게도 복을 받을 수 있을 거라 믿으면서 생활하였다. 지금은 이게 자연스럽게 내 일부분이 되어있다. 얼마를 하든 중요하지 않고 또 어디서 하는지도 상관없다. 기부의 형태도 당신에 맞게 조정하여도 된다. 난 어느 특정 단체에 기부하는 식으로 돈을 준 게 아닌 직접 꼭 필요한 사람을 찾아다녔다. 인터넷이든 주변 지인들의 이야기들을 들으면서 찾아다니기도 하였고 또 사람과 동물을 가리지 않고 기부 종류를 다르게 진행하기도 하였다. 이렇게 직접 기부를 하면서 숨겨져 있는 좋은 분들이 연결되어 나에게 다가오기도 하였고, 실제로 나에게 도움을 준 이들도 많았다.

사람은 끼리끼리 만난다고 하던가. 좋은 장소에는 항상 좋은 사람들이 있었고 그 좋은 사람 주변에도 좋은 사람들이 많더라. 좋은 사람이 좋은 사람을 불러오듯, 복이 복을 끌어당기는 느낌은 직접 겪어 보면 그 의미를 알게 될 것이다. 항상 긴장하며 안 좋은 사고방식을 가지고 사는 사람들이 보일 때가 있는데, 그때 그 사람 주변을 둘러본다면 정말 신기하게도 비슷한 유형의 사람들이 곁에 많다. 서로에게 힘이 되는 듯하다가도 실상을 보면 서로를 물고 어둠 끝까지 내려가는 형태인 것이다. 보통 우리는 유사한 환경이나 배경을 가진 사람들이 가까이 사는 경우를 많이 보게 된다. 유사한 사람끼리 서로 가까이 지내는 이유는 서로의 행동을 예측할 수 있기 때문에 오해와 갈등이 적고 공감하기 쉬우며 관심사 역시 서로 비슷할 가능성이 매우 높기 때문이다. 유사성이 높은 서로가 서로에 대해 매력을 많이 느끼는 것은 배심원들이 자신과 비슷한 태도를 가지고 있는 피고에 대해서 더 관대한 판결을 내리는 경향을 보이는(Byrne & Nelson, 1965) 등의 자료에서도 확인할 수 있다. 그렇기 때문에 우리는 행복한 사람이 되기 위해선 먼저 곁에 비슷한 유형의 사람들을 모아두는 것이 빠른 지름길이라고 난 생각한다. 나의 경험을 믿고 당신도 당신 자신부터 겸손해지며 복을 받을 준비를 한다면, 어느새 복이 빠르게 당신 곁에 다가오고 있음을 느낄 것이다. 좋은 일을 할 때에는 꼭 돈으로만 할 필요는 없다. 식당에서 정말 맛있게 먹었다며 인사하는 것도, 무거운 짐을 잠시 거들어 드리는 것들도 돈으로 주는 것이 아니지만 복이 오게 만드는 가치가 있는 행동이다. 상대가 행복감을 느끼는 행동 모두가 복을 되받는 가치 있는 행동이라는 것을 의식하고 작은 일부터 행복을 실천해 보자. 실천하다 보면 어느새 위대한 당신, 행복한 당신이 되어 있을 것이다.

11장 요약

- 사람들은 매력 있는 사람에게 긍정적인 고정 관념을 가지며 그들과 가까이하고 싶어 한다. 아주 쉬운 개인 매력을 표현할 방법은 겸손에서 나온다.
- 상대의 자랑엔 무한한 기쁨을 표출해 주고, 당신의 자랑은 되도록 가족이나 당신 마음속에서만 표현하자. 현재 사회에서는 작은 상황에서도 상대의 질투와 부러움을 야기한다.
- 〈사회적 협력을 위한 신경계의 기초〉 연구 논문은 당신이 겸손으로 상대를 바라본다고 해서 잃을 것이 전혀 없고 오히려 긍정적인 흐름을 끌어당길 수 있는 힘이 있다는 것을 가르쳐 준다.
- 사람은 누구나 자기 존중감을 유지하려는 욕구가 있어 이를 주변 사람들에게 표출하고 인정받으려 하지만 이는 언제든 당신이 추락하기만을 바라는 사람들만 늘리는 상황을 만들기만 할 것이다.
- 겸손을 강박처럼 주입시키지 않아도 된다. 당신을 폄하

하고 깔보는 사람에게까지 겸손을 끝까지 유지할 필요는 없다. 외유내강의 삶을 살아라.
- 우리는 가끔씩 싸한 느낌을 주는 사람을 마주치곤 하는데 이것은 우리의 직감이 주는 신호라 판단하고 조심해야 한다.
- 직감은 많은 일들과 사람들을 겪은 사람일수록 적중률이 굉장히 높아 삶을 살아갈 때 중요한 힌트를 주는 역할을 한다.
- 직감이 강하게 드는 때가 있다면 예민하게 판단하고 나를 돕는 존재가 당신의 직감에 힘을 불어넣어 줄 수 있도록 아낌없는 믿음을 넣어 주자.
- 남을 도우면 몇 배로 복이 되어 당신에게 돌아오는 이야기는 실제로 겪어 보면 그 정확성에 놀라게 된다.
- 사람은 유사성이 높은 서로에게 끌린다. 자신이 좋은 사람이 된다면 주변 좋은 사람들이 자연스럽게 당신에게 끌어당겨질 것이다.

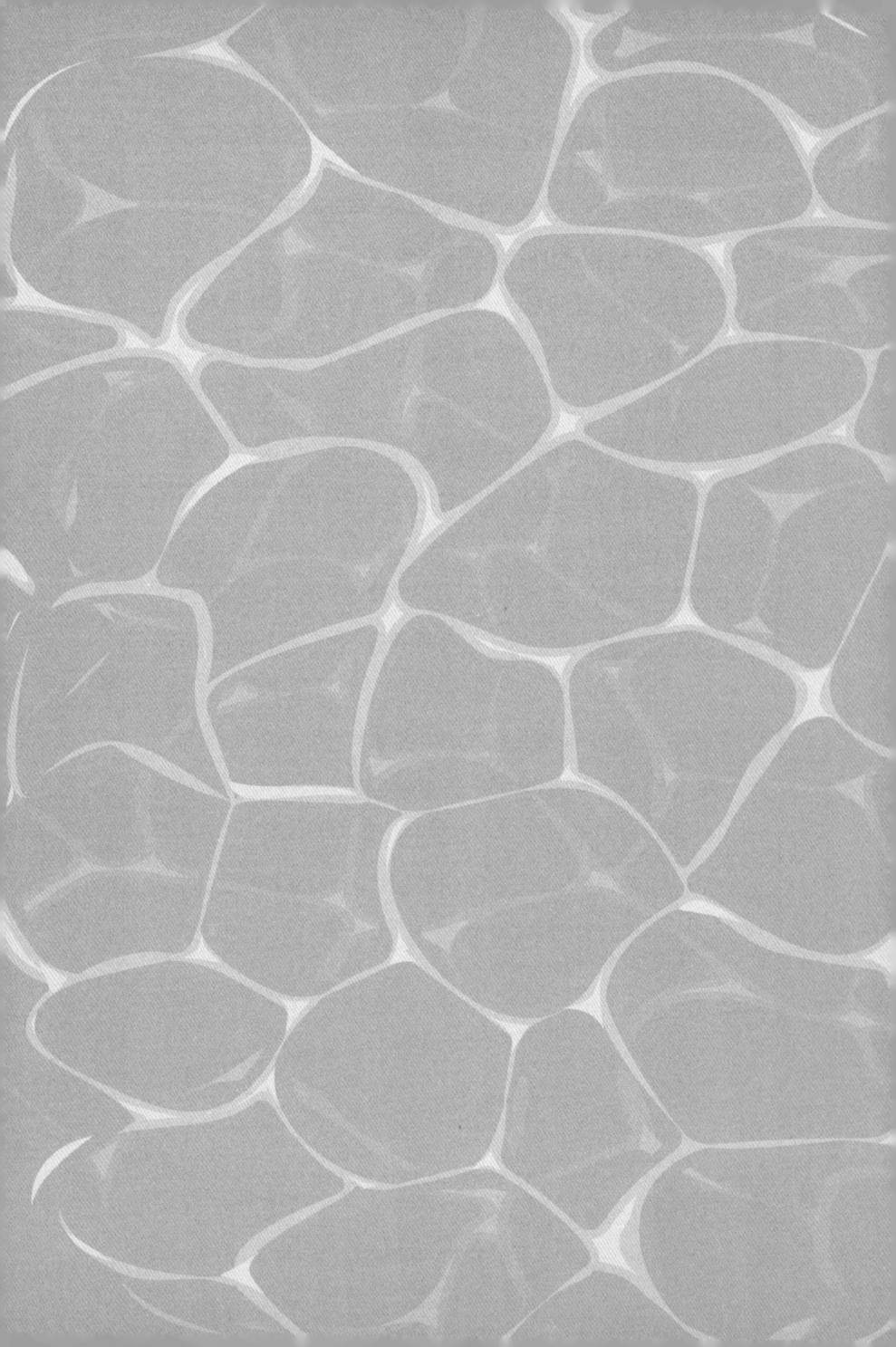

12장

주인공이 될 마지막 준비

모든 건 이어져 있구나!

　이제 남들이 의식하지 않고 살았던 부분들을 당신은 의식하게 되었다. 항상 쳇바퀴 같은 삶에서 평생을 굴러가야 하는 인생에서 당신은 깨달음을 얻었다. 세상을 보다 넓게 바라보게 될 것이고, 긍정의 힘을 믿기 시작하였다. 믿음만 확고하다면 당신 안에 기생하고 있던 부정적 씨앗도 다시는 그 열매를 맺지 못할 것이고, 언제든 좋은 일들만 당신의 신호에 맞춰 눈앞에 열매를 맺을 준비를 하게 될 것이다. 이제 당신은 좋은 일들이 눈앞에 펼쳐질 때 그것을 모두 담을 준비만 하면 된다. 계속적으로 좋은 일들만 생기는데 당신이 그 힘을 받을 체력이 없다면, 그것을 충분히 담을 공간이 없다면, 그것만큼 아쉬운 일은 없을 것이다. 다음 주에 해외여행을 보내줄 긍정적 열매가 생겼는데 애초에 당신에게 여권이 없어 이루어지지 못하는 상황이라면, 당신에게 좋은 회사의 스카우트 제의를 보내주고 싶은데 당신에게는 정장 한 벌도 없는 상황이라면 어떻게 되는 걸까? 소리 소문 없이 그 분야의 열매들은 그 빛을 잃어갈 것이다. 당신이 받아낼 공간이 많을수록 좋은 일들은 빠르게 당신 앞에 열매를 맺어줄 것이고, 그 열매들끼리 또 연결고리가 되어 더 큰 행운들을 가져다줄 것이다. 언제 어디서 당신을 위한 행운이 준비되어 있을지 모른다. 당신에게 꼭 필요한 거라고 생각되는 무엇인가가 있다면 지금 바로 실천해 보자. 당신은 직접 당신의 공간을 키울 준비를 해야 한다. 좋은 모든 것을 받을 수 있게 하는 준비는 절대 어렵지 않을 것이다. 이미 남들과 달리 '의식'할 수 있는 당신이기 때문에, 하려고 하는 것들이 생기면 남들보다 더 빨리 이루어질 수 있도록 주변 환경들이 도움을 줄 것이고, 마치 춤을 추듯 기분 좋게 당신의 준비를 도울 것이다. 당신은 그저 겸손한 마음으로 이것들을 따라가면 된다.

간혹 당신의 잘못이 아닌 주변 사람 때문에 안 좋은 상황이 닥칠 때가 오기도 하는데, 이건 생각보다 많은 사람들이 겪는 일이다. 당신의 잘못이 아니더라도 남 때문에 피해를 보는 일을 우리는 살면서 생각보다 많이 보고 겪는다. 그때 당신은 모든 좋은 것들이 내게 오고 있다는 믿음으로 남들보다 빠르게 그 피해에서 빠져나올 수 있고, 쉽게 원래 당신의 길로 찾아갈 수 있을 것이다. 모든 좋은 것들이 나에게 다가오고 있음을 의식하고 믿으면서 긍정적 흐름이 당신에게 힌트를 줄 때 이것들을 절대 놓치지 말라. 당신 생각 밖의 무엇인가가 나타났을 때 그것이 곧 우주가 당신에게 주는 힌트가 된다. 대부분의 사람들은 이것을 놓치지만 깨달음 속 당신에게는 훌륭한 힌트가 될 것이다. 그리고서는 느낄 것이다. '신이든 무엇이든 나를 바라보고 있는 우주의 무엇인가가 있구나' 하고. 이것을 느끼지 못하는 사람들이 볼 때에는 이 힌트들이 '기적'으로 느껴지기도 한다. 당신은 남들이 보았을 때 기적 같은 일들을 매번 해내는 사람이 되어 있는 것이다.

  이 신기함을 재차 느껴보고 싶어 일부러 안 좋은 상황이나 당신 생각과 다른 길로 가 보기도 하게 될 것이다. 의심스러워 실험을 하고 싶어질 것이다. 내가 그랬었다. 다행히도 당신은 힌트를 이미 느낄 수 있는 존재기 때문에 또다시 당신 앞에는 현재를 밝혀 줄 힌트들이 계속적으로 보일 것이다. 몇 번은 의심과 신기함 속에서 계속적으로 실험을 해 볼 수 있지만, 안 좋게 상황이 흘러가더라도 힌트들이 나에게 길을 알려 줄 것이라는 잘못된 믿음 속 나태함이 자라날 수도 있다. '한 번 더, 한 번 더, 또 보여 줘'라는 마음속에 자만과 나태함이 자라난다. 나를 보호해 주는 어떠한 존재가 있다는 것을 믿고 나아갈 생각을 해야지, 그저 기적의 순간에 멈춰서 또 다른 기적들을 내려다 주길 기다리는 당신이 되지 말라. 당신은 기적과 같은 힌트들을 느낄 수 있는 사람이 되었지만 마치 그 기적들을 맡겨 놓은 양 굴지 말란 말이다. 내가 말하는 우주적 존재나 사람들이 얘기하는 신적인 무엇인가가 비슷한 존재라고 생각했을 때, 그 존재도 당신이 그렇게 행동하고 있는 모습을 좋게 보진 않을 것이다. 오히려 그 힌트들을 보고 더욱더 자신의 믿음 하에 인생을 나아가는 사람에게 눈길을 더 줄 것이다. 더 애정을 주고 응원할 것이다. 당신이 가진 능력을 소중히 하며 나아가길 바란다.

믿는 대로 이루어지고, 믿는 대로 눈앞에 펼쳐질 것이다

세월을 헛되이 보내고, 허영심을 탐내고, 보잘것없는 생활을 하는 것은 모두 부정적 씨앗이 불러온 당신 인생의 나비 효과들이다. 우리는 반드시 이러한 나쁜 사상의 근원을 바꾸어 긍정적인 마음가짐을 기본 초심으로 삼아 모든 시련을 이겨내는 진정한 성숙함을 갖출 수 있어야 한다.

우리는 항상 더 나은 미래를 위해 각고의 노력을 기울여야 함을 느낀다. 그리고 가장 쉬운 지름길은 긍정적인 마음가짐에 있다는 것을 안다. 긍정적인 마음으로 시련조차 나의 일부로 흡수하여 긍정적인 힘의 양분이 될 수 있게 한다면, 매번 마주치는 사건에 결코 휘둘리지 않을 것이며 주변에 좋은 인연들이 가득 차 본인에 의해 세상이 바뀌는 힘을 느낄 수 있을 것이다. 끌리는 모든 일에 깊게 생각하지 말고 도전해 보자. 잘될 거라 생각만 하며 그냥 그 믿음을 쭉 유지해 진행해 보는 것이다. 그리고 나서도 혹시나 좋지 않은 결과를 가져왔다면 그것 자체가 가장 나은 결과였다고 생각해 보자. 돈을 잃었다면 나중에 더 크게 잃을 일을 미리 이 정도 수

준으로 경험시켜 주었다 생각하고, 더 좋은 미래의 발판을 위해 그 순간을 이해해 주면 된다. 나는 아무런 종교가 없지만 좋은 성경 구절 하나는 가슴에 품고 있다.

"네 시작은 미약(微弱)하였으나 네 나중은 심히 창대(昌大)하리라!"

매번 좋은 일만 생길 수 있다는 나의 믿음이 굳건할수록, 그러한 믿음에 확신할수록 좋은 일들은 시간에 얽매이지 않고 아주 빨리, 아주 크게 다가온다. 그리고 당신 스스로만 보며 작게 사고하지 말고, 전 세계가 어떻게 움직이고 있는지, 내가 믿음으로서 나아간다면 세상에 어떤 좋은 일들이 당신 주변에 나타날 수 있는지를 넓게 사고하면서 기대하고 믿어 보자. 이 지구 전체는 정말 광활한 자연과 다양한 인종과 동물들이 모여 사는 세상이다. 언제 어디서 어떤 방법으로 내 믿음과 가까운 일들이 생겨날지 모른다. 평소에 신경을 쓰지 않고 관심도 없었던 분야에 대해서 5년 뒤 그 분야에 일가견이 있는 사람이 되어 있을지도 모르는 것이고, 해외여행 한 번 안 갔던 당신이 지구 반대편에서 일자리를 찾아 당신 능력을 뽐내고 있을지도 모른다. 당신 자신을 믿고 그 믿음에 굳건한 지지만 있다면, 그리고 항상 멀리서 우주적 존재가 당신을 지켜보고 있다는 것을 기억하고 행동한다면 선택 하나하나에 올바른 길로 인도하는 힘이 생길 것이고 상대방에 대해 겸손해지고 너그러워질 것이다. 대부분의 사람들이 의식하지 않고 살아간다는 것을 깨달은 당신은 사람들과의 트러블도 잘 흘려보내고, 뭐든지 좋은 결과만 있을 것이라는 것을 알고 모든 세상일이 괴로움으로 변하지 않게 컨트롤할 수 있다. 사람 관계의 끝을 의식할 수 있는 당신은 매사에 겸손하고, 배려하며 살더라도 이제는 이 행동 하나하나가 나비 효과가 되어 당신에게 큰 복이 되어 줄 것이라는 걸 안다. 행여나 내가 끌어당기지 않았던, 타인의 부정적인 행동으로 내가 피해를 입는다 하더라도 주인공에게 나타나는 자그마한 시련이라 생각하고 더욱더 성장할 수 있는 원동력이 되어 줄 것이라는 걸 안다. 이 모든 것은 '의식하기' 시작한 당신에게 생기고 있는 능력들이다. 아무리 당신이 믿음 속에 살아간다 하더라도 분명 타인이나 다른 놓쳤던 사건들에 의해 시련이 다가올 수 있다. 이 세상은 혼자 살고 있는 장소가 아니기 때문에 내가 자초하지 않은 일들도 같이 다가와 나에게 안 좋은 영향을 주거나 사건에 휘말리게 할 수 있다. 하지만 이걸 기꺼이 환영하며 넘길 수 있는 지혜와 한층 더 강한 성숙함을 가질 수 있는 당신이다. 모든 TV나 영화 속 주인공들이 그 이야기 속 사건들이 없었더라면 그만한 자질을 얻을 수 없었던 것처럼. 당신도 아무런 시련이 없었다면 그저 한 명의 일반 시민으로서 눈에 띄지 않게 잔잔히 생활하다 어느 순간 조용히 사라질 사람일 뿐이다. 하다못해 작은 곤충이나 동물들도 많은 시련을 이겨 내고 한층 더 두꺼운 외피와 수명을 얻으며 살아가는 걸 아는데, 사람에게 이러한 자연 순리는 어쩌면 진화를 위한 매우 당연한 진행 과정일 것이다.

당신은 의식하며 살아야 하는 이유, 그리고 항상 긍정적인 흐름을 통해 세상을 바라보아야 하는 이유도 알고 있다. 모든 사람들은 같은 신체 조건 속에서 그저 뇌의 생각 방식에 따라 훌륭한 사람, 그저 그런 사람으로 나누어지는 것 또한 이해하게 되었다. 당신 자체를 믿고 그 믿음에 한 치의 의심 없이 나아간다면 생각했던 목표는 금방 당신 옆에 있을 것이고 더 높은 목표를 향해 어느새 나아가고 있을 것임을 난 확신한다. 당신이 원하는 세상을 만들고 싶다면 그리 만들 것이라 믿고 나아가 보자. 모든 세상을 바꾸는 데에는 많은 시간이 걸릴 수 있지만 당신의 눈에 보이는 주변 세상은 빠르고 쉽게 당신이 원하는 대로 흘러갈 것이다. 본인이 원하는 대로만 진행될 것이다. 나 자신에 대한 확실한 믿음 안에서는 모든 어려움도 헤쳐 나갈 힘이 생길 것이고, 당신이 주인공인 것처럼 주변 세상이 당신에 맞게 흘러갈 것이다. 믿는 대로 미래가 펼쳐질 것이다.

나는 여기까지 오기에 많은 시간과 노력을 썼다. 절대 헛되지 않았고 풍요로운 길이였지만, 이 책을 보고 있는 당신은 나처럼 오랜 시간을 쓰며 길을 찾지 않고, 나보다 더 빠르고 훌륭한 성공과 행복을 쥐었으면 하는 마음을 가득 담아 이 책을 적어 본다. 이 책이 당신에게 금덩이만큼의 가치가 되기를 바란다. 책의 크기만큼 같은 크기의 금덩이를 얻길 바란다. 그리고 나선 당신은 운이 좋은 사람이었다는 것을 다시금 깨닫게 되었으면 좋겠다. 당신을 돕는 신과 같은 존재가 있다면 이 책을 통해 당신을 아직 지켜보고 도와주고 있음을 알게 되었기를 바란다. 당신 자신을 믿으며 성공하고, 주변 사람들에게 역시 그 힘이 닿게 노력해 주었으면 좋겠다. 모두가 행복한 세상이 오길 바라면서 이 책을 마친다.

12장 요약

- 당신은 이제 현재를 의식하기 시작하게 되면서 쳇바퀴 같은 삶을 멈출 깨달음을 얻게 되었다.
- 자신을 믿는 확고한 믿음 앞에서는 당신 안에 있던 모든 부정적 씨앗도 다시는 그 열매를 맺지 못할 것이고 좋은 일들만 함께 하기를 기다릴 것이다.
- 가득한 행운을 받을 수 있도록 그것을 충분히 담을 공간을 만들어주자. 언제 어디서 당신을 위한 행운이 준비되어 있을지 모른다.
- 간혹 주변인들로 인해 안 좋은 상황을 받아올 때가 있다. 그때 당신은 믿음으로서 남들보다 빠르게 그 피해에서 빠져나올 수 있을 것이고, 당신에게 주는 힌트를 찾아내어 나를 바라보고 있는 존재가 존재함을 느낄 것이다.
- 광활한 우주는 당신을 중심으로 움직여줄 것이며 남들이 말하는 기적 같은 일을 매번 해내는 사람이 되어 있을 것이다.

- 이 기적 같은 신기함에 빠져 자꾸만 실험해 보고 싶을 것이다. 어디까지 가능한지 기대될 것이다. 하지만 이는 마음속에 자만과 나태함이 자라나게 하는 부정적 흐름이 된다.
- 당신은 기적과 같은 힌트들을 느낄 수 있는 사람이 되었지만 마치 그 기적들을 맡겨 놓은 양 굴면 안 된다. 당신을 지켜보고 있는 존재는 자신을 믿으며 인생을 나아가는 사람에게 눈길을 더 줄 것이다.
- 모든 것은 이어져 있다. 시련도 당신이 마땅히 이겨낼 수 있다고 믿고 이겨 낸다면 미래의 더 큰 시련으로부터 자신을 지켜 낼 힌트가 되어 준다.
- 자신을 믿고 한 발자국씩 나아갔던 모든 일들이 나중엔 나비 효과가 되어 당신 인생에 큰 변화를 가져다준다. 그러니 항상 모든 일을 당당하게 맞서야 한다.
- 모든 사람은 똑같고 그저 뇌의 생각 방식에 따라 훌륭한 사람, 그저 그런 사람으로 나누어진다. 항상 긍정적인 흐름을 통해 세상을 보게 될 때 당신은 당신이 원하는 세상을 만들 수 있는 무궁무진한 사람이 되어 있을 것이다.

참고 문헌

론다 번, 《더 시크릿》 The Secret, 2007

론다 번, 《위대한 시크릿》 The Greatest Secret, 2021

모헤브코스탄디, 《신경가소성》 Neuroplasticity, 2019

이서윤, 홍주연, 《더 해빙》 The Having, 2020

이태연, 《마음과 심리학》 Mind & Psychology, 2020

하브애커, 《백만장자 시크릿》 Secrets of The Millionaire Mind, 2020

게일 가젤, 《하버드 회복탄력성 수업》 Every Day Resilience, 2021

정건희, 《삶의 바다로 모험을 떠날 용기》, 2023

에이브러햄 매슬로, 《존재의 심리학》 Towards a

Psychology of Being, 2005
로버트 기요사키, 《부자 아빠, 가난한 아빠》 Rich Dad Poor Dad, 2000
크리슈나무르티, 《아는 것으로부터의 자유》 Freedom from the Known, 2002
토드 홉킨스, 레이 힐버트, 《청소부 밥》 The Janitor, 2006
요아힘 바우어, 《공감의 심리학》, 2006
크리스토퍼 차브리스, 대니얼 사이먼스, 《보이지 않는 고릴라》 The Invisible Gorilla, 2011
마이클 셔머, 《믿음의 탄생》 The believing Brain, 2012
리처드 도킨스, 《이기적 유전자》 The Selfish Gene, 2016
해리 스택 설리반, 《정신치료 기술》, 2018
디팩 초프라, 《메타휴먼》 Metahuman, 2020
룰루 밀러, 《물고기는 존재하지 않는다》 Why Fish Don't Exist, 2021

Fiske, 1980; Klein, 2005; Skowronski and Carlston 1989; Forsyth 2006

Emory University, the foundation of the nervous system for social cooperation, 2002

The Wall Street Journal, James Piereson: The Truth About the 'One Percent', 2014